装画：西口司郎
装幀：芦澤泰偉
本文レイアウト：五十嵐徹（芦澤泰偉事務所）
写真：kodansha/アフロ

いつかギラギラする日

角川春樹の映画革命

角川春樹
KADOKAWA HARUKI
清水 節
SHIMIZU TAKASHI

まえがき

角川春樹

二年前に隔月刊の映画雑誌「FLIX」から、角川映画の取材をしたいと人を介して申し込みがあった。それまで私が育てた映画俳優や物故した人物、或《あ》るいは一本の映画に就いてインタビューに応じる場合があったが、私が製作をした映画をトータルに語ることは全く無かった。本書『いつかギラギラする日』は、十七年間の角川春樹映画の真実の記録であり、自伝である。十一年前に自伝『わが闘争』では語らなかった「角川春樹の映画革命」がありのままに、立体的に描かれている。

しかし、本文に就いては私自身なにひとつ書いてはいない。本書は私の語り下ろしと現場に携《たずさ》わった人達の文章と発言から成り立っている。角川映画は今年四十年を迎えたが、私とは全く無関係だ。私が関係した十七年間、角川映画という会社は無かった。

二年前の「FLIX」十月号に、本書のシーン1に当たる清水節氏の一文が掲載された時、上手《うま》い構成と取材力に大変感銘を受けた。私自身の手から離れた一人の「角川春樹」という人物がギラギラしていた。それはノンフィクションというより物語を読んでいる気分になった。

私が語り下ろした自伝『わが闘争』よりも遥《はる》かに面白く、清水節氏の筆力に舌を巻いた。私が創立した角川春樹事務所は平成二十八年を以て二十周年を迎えた。私が清水節氏と共著の形を取って本書『いつかギラギラする日』を刊行することになったのは、創立二十周年の節目に当たるからである。そして、更に私が編集した『カラー版　世界の詩集』から半世紀が経過したことによる。私の編集者としての五十年が、映画『犬神家の一族』の製作から四十年という節目にも当たる。

映画という生き物を相手にした三十代、角川春樹という生き物も晩節を迎え、人生の着地点が明確に見えている現在、形ある記念碑として残す意味があるかも知れない。

私が角川書店を退社した後に、角川書店から鎗田清太郎《やりたせいたろう》氏の『角川源義《げんよし》の時代』が刊行されたが、そこにはほとんど私が存在せず、弟の歴彦《つぐひこ》の足跡がクローズ・アップされていた。歴史書が常に勝者によって塗り変えられるという真実が、そこには明確に記されている。

獄中句集『檻《おり》』には、千葉拘置所を仮出所した時の、次の一句が収録されている。

敗れざる者歳月《さいげつ》に日を焚けり

私の戦いは、いまも続いている。

目次

Scene 1

父を超える

「角川春樹映画」とは何だったのか

あれから随分長い歳月が流れた。もはや三十代にさえ、あの熱き時代の出来事を何も知らない人々はいるのだろう。斜陽産業と呼ばれることに甘んじていた一九七〇年代半ばの日本映画界に現れ、驚天動地の手法で大いなる変革をもたらした異端児がいた。出版という異業種から、旧態依然とした映画界に揺さぶりをかけ、若い観客に強く訴えかけた十数年。あれは、旧来のシステムに別れを告げる過渡期ゆえの現象だったのか。いや、間違いなくたった一人の男の狂気と熱情によって、暴力的なまでに巻き起こされた変革の嵐《あらし》だった。

男の名は、角川春樹。ルーカスやスピルバーグが切り拓《ひら》く新しいハリウッド映画に胸躍らせると同時に、われわれは角川春樹の一挙一動に驚き、反発し、そして楽しんだ。その映画の出来に裏切られることも決して少なくはなかったが、メディアを総動員して浴びせかけられる大量宣伝の中に身を置き、劇場に足を運ぶとともに原作本を購読することで、日本人は同時代を生きる感覚を共有した。ネットによって人々が繋《つな》がれ、あるいは分断される以前の、巨大な共同幻想。映画・テレビ・出版というマスメディアが絶大なる相乗効果を発揮した、二十世紀終盤の煌《きら》めきでもあった。

かつて一大イベントを仕掛けた角川映画の戦略は「角川商法」と呼ばれ、作品至上主義で映画を捉《とら》える人々からの批判に晒《さら》されながらも、やがてその手法は、近代化と効率化を余儀なくされる日本映画界のスタンダードになっていった。ただし、関係各社の集合体である製作委員会が陣頭指揮する昨今と異なるのは、全権を握る角川春樹という強烈な個性によって牽引《けんいん》されていたことだ。

角川映画という名称自体は現在も続いているが、経営主体が変わったため、若者たちが抱くブランド・イメージは全く異なるものになっている。これから語ろうとするものを正確に言い表すならば、「角川春樹映画」だ。その作品群には、今に至る映画製作や宣伝のルーツがあった。さらに言えば、いまや失われつつある野性的な挑戦や創作の情念があった。

七十本以上という膨大な数の映画を製作してきた彼の仕事は、十二分に語り尽くされてきただろうか。一九九三年、角川春樹の「逮捕」によって、ひとつのピリオドが打たれてしまった。映画界における功罪が、しきりと語られる時期はあった。残された作品は、ブルーレイやDVD、BS・CS放送で、あるいはネットを介した動画配信によって繰り返し視聴され、七〇年代から八〇年代に青春期を送った映画ファンによって今なお語り継がれているものの、肝心な生みの親・角川春樹その人について語る言葉が少なくなっている事実は否めない。そこに作品と創造者を切り離す何らかの思惑《おもわく》が働いているとしたら、日本映画史を歪《ゆが》める行為だと言わざるを得ない。そして何より、彼自身が積極的にメディアに登場しなくなって久しい。

ならば登場して戴《いただ》こう。あの時代を創出した証言を未来へと伝えるために。角川春樹自身の言葉によって、忘れられた日本映画史をひもとく場を設けたい。そんなオファーに、現役の出版人である春樹は応《こた》えてくれた。長らく「過去に興味はない」と拒んできた重鎮が、重い腰を上げる。これは回顧録ではない。埋もれかけている正史を再発見する試みである。

＊　＊　＊

かつて喧伝《けんでん》されたキャラクター・イメージを知っていれば、初対面の者は何らかの畏《おそ》れを抱くかもしれない。しかし、パステル調のファッションに身を包んだ角川春樹は、穏やかな紳士だった。はにかむようにして見せる笑顔は、対峙《たいじ》する者に安心感を与えるが、こちらが問いかければ眼《め》をじっと見据え、真意を読み取ろうとする。過去の偉業を語るときは自分に酔いしれるわけでもなく、時折ユーモアさえ交える。とりわけ数字の話になると慎重を期す。口調が静かになればなるほど、凄《すご》みを感じさせもする。それは、酸いも甘いも嚙《か》み分けた男の境地がもたらす奥行きなのだろう。

「序章の方が長いですよ。私は突然現れたわけではなく、相当足元を固めてから映画に参入しましたので」

出版を変革した若き日

若き日の春樹は、常に角川書店を創業した父・源義《げんよし》への反抗心をみなぎらせていた。文学青年や映画青年ではなかったのかと問うと、「ぜ〜んぜん」と笑い飛ばした。

「父が文学青年でしたからね。信じていませんでした。文学青年も演劇青年も映画青年も。私はオリンピックを目指してボクサーになろうとしていたんです。まず喧嘩《けんか》に勝てばいい、強くなれればいいというね。もちろん、芝居も映画も観《み》てはいた。それはなぜ人が入るのか、なぜ売れているのかを知るためでした」

情感よりも勝ち負け。ビジネスとしての映画の確立を旨とした、角川春樹の原点を思わせる前日譚《たん》だ。大学を出て、中小の出版社や出版取次会社で仕事を学んだ春樹は、一九六五年に二十三歳で角川書店に入社する。当時の角川書店は、文庫本だけに文芸出版の匂《にお》いを残し、教科書や辞典などの学術出版を得意とする堅い出版社だった。編集者には学者や歌人、俳人も少なくなかった。

「私は初め、出版部の製作担当でした。何が売れているのかを察知し、出来るだけ早く重版をかけられるようにシステム化していく作業です。のちに文庫にカバーを付けたのも、そんな発想からですね。それまで岩波《いわなみ》文庫などはパラフィン紙に包んで出版していた。返品されてきたらパラフィン紙を換えて再出荷する。それでも平置きにしてくれない。店頭でメインの場所に平置きにさせる戦略は、カバーを付けるしかないと考え、実験してみると明らかに重版されていくスピードが速かったんです」

今となっては当然の、文庫本をくるむカバーを発明したのは、角川春樹だった。文庫棚がカーキ色一色の地味な存在だった頃、春樹は、世界の偉人の伝記本の文庫化を手がける。オールカラーでデザインされた表紙は、文庫のイメージを覆した。製作担当でありながら、発想に富む春樹は、編集業務にまで手を拡げるようになっていく。そして、画期的な本を企画して発刊することになる。

「詩集が、年に一、二回最低部数を重版していることに気づきました。これは仕掛ければビジネスになるんじゃないかと。ただし、今までの詩集の概念を壊さなければいけない。本作りから始めて、『カラー版　世界の詩集』というハイネやランボーらの全集を全十二巻で出しました。各巻にソノシートを付けたんです。俳優や声優が朗読する音声を収録し、バックには音楽を流すというスタイルでね。そもそも有名な詩には曲が付いているものもある。原本にカット(挿絵)が付いているものもあった。その詩に歌われた土地の写真だってあるわけです。ない場合は、詩のイメージに合う写真を探してきてカラーページを作っていったんです。当時、詩集は二千〜三千部売れればいいんじゃないかという時代でした。それが一冊あたり二十〜三十万部売れた。巻によっては五十万部。もう、詩集の大ブームになった。『まるでガムのように売れている』と言われましたよ。活字と写真や絵と音楽を一体化させた戦略は正しいものとして、自分の原点になりましたね」

まさに「読む・観る・聴く」を融合させる発想の勝利だった。第一巻の『ゲーテ詩集』をネットで購入してみた。訳者は手塚富雄《てづかとみお》、ソノシート朗読は岸田今日子《きしだきょうこ》。カラーグラビアは十六ページ、巻末には鑑賞ガイドや解説も充実し、計二百七十ページで定価四百八十円。

若い読者には、ソノシートの説明が必要かもしれない。これは、ビニールなどで作られた薄手のレコードのこと。雑誌の付録や、子供向けテレビ番組の主題歌を収録する手軽な音声媒体《ばいたい》として流通していた（「ソノシート」は朝日ソノラマの商標だったので、発売元によって名称が異なり、「フォノシート」などと呼び換えられることもあった。しかし歳月が経《た》ち、「ソノシート」という呼称で総称することが一般的になっている）。奥付の初版発行日は一九六七年四月十日。若い女性をメインターゲットにしつつ、知的好奇心を満たすゆとりが出てきた高度成長期の家庭の書棚に、百科事典や全集が浸透していく時流にも乗っていたのだ。

それから九年後、一九七六年の『犬神家の一族』に始まる出版×映画×レコードによるメディアミックスの萌芽《ほうが》はここにあった。『世界の詩集』の成功によって春樹は、「別に望んだわけでもないのに」一足飛びに常務に昇格。しかしその数ヵ月後には、ある失敗の責任を取らされることになる。

「ぜひ『日本の詩集』もやってくれということになったんです。私は反対しました。すでに他社から全集が出ていたし、大体『世界の詩集』という発想は、大手には勝てっこないので、著作権が発生しない世界の詩人で勝負するという意図もあったわけです。死後五十年間権利がある日本の詩人たちの作品をまとめるのは、時間もかかるなと。そんな背景があったにもかかわらず、『日本の詩集』を出した。売れませんでした」

大量に断裁に回される。会社の資金繰りが悪くなったタイミングに重なったこともあって責任を追及され、たちまち常務から平へと降格させられた。

映像×活字×音楽の三位一体

「悶々《もんもん》としてねえ。敗北の形で辞めていくのは悔しかったので、辞表は持っていたけれど出さなかった。窓際に追いやられました。でも私は、復讐心《ふくしゅうしん》が強いですから（笑）。そこで当時の角川書店に何が一番不足しているかと考えたんですよ。やはり翻訳出版が弱いのではないかと。翻訳ものなら、権利を安く手に入れて売ることが出来る。しかも映画化されるものを中心にすればいいという発想に辿《たど》り着きました。だから仕事を干されている間、英語の勉強をしたんですよ」

作家への印税の支払いも滞り、交際費もままならぬ出版社の活路として、春樹は翻訳出版だけが突破口であると考えた。売れる翻訳ものとは何か。当時それは、洋画公開に合わせて出す映画の原作本、あるいはノベライゼーション（映画脚本等を基に小説化した本）に限られていることに気づく。作品を認知させる宣伝費は、基本的に映画配給会社が持ってくれる。春樹が、配給会社や著作権エージェントを訪ね歩くきっかけになった他社の成功例が、一九六八年六月に日本公開された青春映画のバイブル、ダスティン・ホフマン主演作『卒業』の原作だ。のちに直木賞作家になる常盤新平《ときわしんぺい》が、早川《はやかわ》書房の編集者時代に見出《みいだ》し、ベストセラーになった翻訳ものだった。

「早川が『卒業』に払ったアドバンス（前払い）は二百ドルだったはずです。ソフトカバーの単行本で出して十万部を突破した。当時これは至難の業ですよ。原作者のチャールズ・ウェッブは脚本家出身でした。自分なりに書いたシナリオを基に小説にした形で、ほとんどが会話体。私だったら文庫本で出すのになあと思いました」

サイモン&ガーファンクルによるテーマ曲『サウンド・オブ・サイレンス』は、映画公開の二年前に日本で発売されていた。『卒業』で使用されることで改めて注目を浴び、公開に合わせて再リリースされると、オリコン一位になる大ヒットを記録。

「すでに曲は聴いていましたよ。つまりサイモン&ガーファンクルの音楽から入り、マイク・ニコルズ監督の映画を観て、チャールズ・ウェッブの本を読んだ。私が『世界の詩集』でやった発想の延長線上ですよね。映像と活字と音楽の三位一体《さんみいったい》。このスタイルへの確信が、自分の中に出来上がっていった。同時にこのときすでに、出版社が映画を作るのもありだなと。つまり本を売るために、巨大な宣伝媒体と思えばいいと割り切って考えました。別に名作を作る必要はない。当てれば勝ちだと」

映画の原作やノベライゼーションという鉱脈を見出した春樹は、まもなく自ら原石を探り当てる。それは、無名の脚本家エリック・シーガルによる原作本『ラブ・ストーリィ』。シーガルは自分のシナリオを基に、自ら小説化していた。身分差恋愛に加え、難病ものの要素まで取り込んだ典型的な純愛小説だ。全米では一九七〇年二月に出版され、一年間で千二百万部のベストセラーになった。原作執筆中にアーサー・ヒラー監督で映画化が進められた本作は、一九七〇年の暮れに全米公開。製作費二百二十万ドルに対して興行収入一億六百四十万ドルを弾《はじ》き出し、映画会社パラマウントの窮状を救う未曾有《みぞう》の大ヒットとなった。アカデミー賞には作品賞や脚本賞を始め七部門にノミネートされ、フランシス・レイが作曲賞を受賞。とはいえ、ベトナム戦争は泥沼化し、カウンターカルチャーが支持された時勢にあって、本作に勝負を賭《か》けるには、相当な勇気が必要だったのではないか。

「いや、ひらめきです。原作をプルーフ（校正刷り）で読んで、わずか二百五十ドルのアドバンスで日本語版の版権を買いました。編集会議を経てないんです。親父《おやじ》が認めるはずがないと。これからはフリーセックスになると叫ばれるような時代でしたが、そんなものは信じていなかった。むしろ逆に、こんな時代だからこそ純愛ものは当たると思いました。いわゆる純愛十年周期説ですね」

わが国では『ある愛の詩』の邦題で一九七一年三月に公開され、春樹は、原題をメインタイトルに残して『ラブ・ストーリィ　ある愛の詩』の書名で単行本を刊行。変動相場制になる以前の一ドル＝三百六十円の時代なので、前金二百五十ドルは九万円相当になる。ちなみに、この年の大卒初任給は四万六千四百円だった。

本当に時流を読む勘だけで、春樹は『ラブ・ストーリィ』を手掛けたのか？　本作は、家柄の違う女子大生と恋に落ちる主人公の、父との確執と和解がサブプロットなのだ。

「そう。そこが泣けたんです。父と子のラブロマンスでもある。私の父との関係性を思い浮かべ、泣けました。昭和四十五年五月二十一日、両親の問題があって妹は自殺しました。だから俺は決して自殺しないと。しない代わりに冒険をしようと。冒険先で死ぬ分には構わない。しかしどこへ行っても必ず生きて還るんです。するとまた悶々とする。将来どうしようかと。角川書店を辞めて自分で出版社を興そうか……。そういうことばかり考えていた時期でした」

表向きは、勝つことと売れることを標榜《ひょうぼう》していた春樹だが、実は『ラブ・ストーリィ』に自身を重ね合わせてもいた。のちにプロデュースし、あるいは自らメガホンを執る映画にも、内的テーマを仮託するこの特質は、当てはまるといえるだろう。

もうひとつ触れておくべきことがある。『卒業』からの流れを汲《く》む、短いセンテンスで畳みかけるようなリズムのある簡潔な文体は、本作の翻訳にも生かされている。文庫版『ラブ・ストーリィ』の書き出しはこうだ。

どう言ったらいいのだろう、二十五の若さで死んだ女のことを。彼女は美しく、そのうえ聡明《そうめい》だった。彼女が愛していたもの、それはモーツァルトとバッハ、そしてビートルズ。それにぼく。

（※引用文の数字表記は漢数字で統一しました。またルビは独自に付けました。以下同）

訳者の名は、板倉章。これは、閑職に追いやられているうちに翻訳出来るだけの英語力を身に付けた、角川春樹のペンネームではないかと問うと、「そうです。私のペンネームです」との答えが返ってきた。では板倉章には、どんな意味が？

「つまらない答えになりますから、どうでもいいよ（笑）」

いや、ウィキペディアあたりでは「板倉章は一般に筒井《つつい》正明《まさあき》の筆名とされるが、角川春樹が自分で訳して筆名で出したと語っている」などと曖昧《あいまい》に記述されている。この際ハッキリさせておきたい。単刀直入に女性関係かと問うと、春樹は「そう」と言って相好を崩した。「結婚した相手ですけどね。同棲《どうせい》時代にお金がないので、翻訳料を生活の足しにしていたんです」。印税はといえば「全部その女性に。私は一円も取ってないよ」。さらにこう付け加える。「筒井さんの名を聞いて思い出しましたが、彼を始め三人くらいに下訳はお願いしています。買取りでね。その後、原文に当たって大分手直しし、私の文章にしました」。これが真相のようだ。この他、一冊ごとに春樹はペンネームを変えて、映画のノベライゼーションを自ら訳していたという。

「あの翻訳文に影響を受け、のちに小説家を志した高橋三千綱《たかはしみちつな》が『九月の空』で芥川賞《あくたがわしよう》を獲《と》ったんです。そのとき言えなかったなあ。実は俺が訳していたなんて（笑）」

角川書店発行の『ラブ・ストーリィ』は、その年のうちに百万部を達成。会社は印税未払いを解消した。同文庫巻末の「青春の終わり——あとがきに代えて——」と題した訳者・板倉章の文章には、こんなくだりがある。

「ラブ・ストーリィ」がかくも多くの若者に共感を受けたのは、その愛のあり方ばかりでなく、純粋で単純な生き方、即ち青春そのもののあり方に共鳴したのだ。と同時に、すでに多くの人が政治的、社会的な事柄にもはやうんざりだったというニヒリスティックな一面も否定できない要素になっている。「ラブ・ストーリィ」は多くの人にとって、人間性喪失の時代のメルヘンであったのだ。現代はテンダーネスの時代ではなく、メルヘンの時代だと、わたしは思っている。現代の悲劇がそこにある。

出版権を獲得して、時代の感性に即した文体で翻訳し、そして大衆に訴求する要因を分析した批評で総括することにも抜かりない。マルチな仕掛け人の才気がほとばしる。〃政治の季節〃が終わりを告げることを予見する、七〇年代初めの角川春樹の文章は、「人間性喪失の時代のメルヘン」というキーワードによって、エンターテインメントを渇望する同時代の人々の心理を見抜いていた。

本を売るための嗅覚と発明

『ラブ・ストーリィ』ブーム以後、出版業界では、エンターテインメントの海外小説が注目を集めるようになっていった。春樹は、『雨にぬれた舗道』『ナタリーの朝』『クリスマス・ツリー』等々、映画の原作やノベライゼーションを次々と当てていたが、やっかみによる揶揄《やゆ》を浴びせられるようにもなる。

「あるとき、紀伊國屋《きのくにや》書店の文庫リストを見ていると、一位から十位まで全部自分が企画した翻訳ものだったんです。よその出版社からは『角川文庫は〃キネマ文庫〃だ』とバカにされていました。どうせお前たちも、いずれ俺が開拓したものを真似《まね》するに決まってると思っていましたがね」

当時の角川春樹を語る上で、もうひとつ忘れられない原作本との出会いがある。どこの出版社も手を出そうとしないイギリス版プルーフがあった。日本ではまだ無名の作家だったフレデリック・フォーサイスの『ジャッカルの日』。パリ警察の包囲網を突破し、シャルル・ド・ゴール大統領暗殺を企てる暗殺者ジャッカルと刑事の死闘を描くスリラー小説だ。

「各社ともその気はあったようですが、ド・ゴールが生存している以上、この物語は成立しないというのが、他社の編集者の判断だったんでしょうね。ところが私は『ビッグコミック』で連載が始まって人気が出始めていた劇画『ゴルゴ13』を貪《むさぼ》るように読んでいた。プロのスナイパーというのは主人公として面白いと。七百ドルで版権を獲りました。その時点では映画化の話はなかったが、必ず売れるという確信はありましたよ」

　映画会社のタイアップなき段階。中身はすこぶる面白いが、無名の作家の単行本をいかに売るか。このときも春樹は、ある画期的な発明をしている。

「観る前には中身のわからない映画を売るように売ればいいんだと、方法論を考えたんです。映画は新聞広告に短い映画評を載せますよね。これを書店でやろうじゃないかと。開高健《かいこうたけし》さんや遠藤周作《えんどうしゅうさく》さんにまずゲラを読んで戴き、短いコメントをお願いして書いてもらいました」

　つまり、本を売る空間を宣伝メディアに換えてしまうという発想に至ったのだ。この頃、石油ショックで頻繁に本の値段を変えざるを得なくなったという事情から、さらに春樹は、荒技も編み出している。

「紙不足で本を重版する度に、定価を高くせざるを得なくなった。奥付の定価の上に、改定価格のシールをペタッと貼《は》ると読者から文句が来る。じゃあ奥付から定価を外しちゃおうと。定価はカバーにだけあればいいじゃないかと。今となっては当たり前ですが、初めてだったんです。他社にカラーの文庫カバーを真似され、〃キネマ文庫〃も真似されるようになって、次に始めたことは、奥付から定価を外してカバーを換える度に値上げをすることでした」

その後『ジャッカルの日』は、アメリカ探偵作家クラブ最優秀長編賞を受賞し、日本では一九七三年九月に、フレッド・ジンネマン監督による映画化作品が公開された。

「『ラブ・ストーリィ』のときと同じCICという配給会社でした。『角川さん、お金は払えないけれどプロデュースしてくれないか』と頼まれたので、個人として請け負い、ギャランティを貰《もら》わない代わりに、宣伝費の使い方にまで介入して宣伝プロモーションを手伝いましたよ。監督も役者も要らない。原作者を呼んでくれと。『ラブ・ストーリィ』でも原作者のシーガルを呼んだのですが、『ジャッカルの日』でもフォーサイスを呼んでキャンペーンを張りました。映画の方は原作を凌《しの》げず、大して当たらなかったけれど、本は売れました。私の目的は本を売ることですから。その後『オデッサ・ファイル』『戦争の犬たち』『悪魔の選択』など、フォーサイス作品の版権は次々と押さえることが出来ましたね」

単行本『ジャッカルの日』が五十万部ほど売れたのち、春樹は異例の速さで文庫化するという行動に出た。

「通常は、単行本の再版というプロセスがある。でも単行本を売りきったなら、すぐ文庫にしちゃえと。文庫も、みんなの記憶に残っているうちに出した方がいいですから。つまり返品が来る前に打ち止めにして、半年後に文庫を出したんですよ。この方法論がまた成功しました」

同じ頃、他社で売れている単行本に関しても、作家の了解だけで片っ端から角川文庫化してしまうという前代未聞の、だが決して違反行為ではないアイデアも実行に移した。

「安岡章太郎《やすおかしょうたろう》さんから『角川君、君のことを〝泥棒角川〟と言う者がいるぞ』と言われたんです。『先生、誤解です。うちは〝強盗角川〟です』と答えましたよ（笑）。表立った批難などなかった。売りさえすればいいんですから」

本を売るための飽くなき執念。そのために築き上げた映画界とのパイプ。六〇年代末から七〇年代前半にかけ、角川春樹は着々と実績を重ね、映画製作参入のタイミングを窺《うかが》っていた。

Scene 2

映画への航路

幻の角川映画第一弾『八つ墓村』

角川映画第一弾『犬神家の一族』が完成するまでの道のりは長かった。昭和二十年代に一世を風靡《ふうび》したものの、忘れられていた推理作家と言っていい横溝正史《よこみぞせいし》にあえて光を当て、その映画化に勝負を賭《か》けたのはなぜだったたか。春樹が日本映画界へ殴り込みをかけることになる一九七六年と、その前夜に照準を合わせよう。

＊　＊　＊

春樹の手によってカラフルかつアクティブに変貌《へんぼう》した文庫本は、若者のメディアとして浸透していく。文庫を手に旅に出て読み捨てよ、というコンセプトに基づくキャンペーンは刺激的だった。文庫本をアメリカのペーパーバック同然と見做《みな》し、読み終えたら野外に捨ててくることを積極的に奨励したのだ。七〇年代の広告史に残る角川文庫の名コピーといえば、〈女性よ、テレビを消しなさい　女性よ、週刊誌を閉じなさい〉。知的好奇心に満ちた女性たちを、文庫本に振り向かせる魔力さえ感じさせる。

映画参入以前から、春樹は広告の力を注視し活用していた。映画界への足掛かりをつかみ始めた七〇年代初めの日本の社会状況と広告は、不即不離の関係にあったといえるだろう。

「電通《でんつう》の藤岡和賀夫《ふじおかわかお》さんという仕掛け人が、〈ディスカバー・ジャパン〉というコピーで大々的な国鉄のキャンペーンを張ったんです」

一九七〇年秋。大阪万博こと日本万国博覧会の閉幕直後から、日本国有鉄道（国鉄）は「美しい日本と私」をテーマに、大胆な旅行促進キャンペーン「ディスカバー・ジャパン」を展開し始めた。それは特定の観光地へといざなうそれまでの広告を打ち破り、国鉄のイメージを刷新するばかりでなく、〝モーレツ〟をキーワードとする大きな物語「高度経済成長」からの脱却という意味も込められていた。商品を売る目的を超えたこの脱広告は、社会的メッセージを伝える役割をも果たし、戦後日本社会の大きな転換を象徴するものとなった。

高度成長期のピークともいえる、科学技術の進展に希望を託した大阪万博。世紀の祭典が掲げたテーマは「人類の進歩と調和」だった。しかし、万博以後の先行きには不透明感が強く、その道標を「日本再発見」を意味するコピーに集約させたのだ。広告プロデューサー藤岡和賀夫は、こう振り返っている（「広告」二〇一〇年七月号　博報堂《はくほうどう》）。

（略）プレゼンの席で最初に、「旅の一番の敵、それはテレビです」と言った。旅の本質というのは、風景とかいろいろな事物を見ることではなく、実は自分自身の発見なのだと言ったのだ。つまり、日常を断ち切って非日常に置き換えることで、それまで日常では発見できなかった自分がそこで見えてくる。それが旅の一番の本質なんだという考え方だ。だから、最初は「ディスカバー・マイセルフ」という言葉を考えたが、最終的に「ディスカバー・ジャパン」というタイトルにした。そして、その「マイセルフ」の部分は、川端康成《かわばたやすなり》先生から頂いた「美しい日本と私」というコピーで押さえたわけだ。

機を見るに敏。こうした時代の流れを受け、春樹は往年の作家とその物語に注目する。

「つまり、もう一回日本人回帰が始まるなと。国内旅行のブームが起こり、地方や伝統的なものを見つめ直す。それをかえって新しいものに感じるようになる。横溝正史さんの物語は、そういう日本の土俗的なものに根差していましたから、直感が働きました」

春樹が最初に横溝正史作品に注目し、映画化をも考えた作品。それは『八つ墓村』だった。山間《やまあい》の寒村で発生した大量虐殺をめぐるミステリーだ。

「『少年マガジン』で影丸穣也《かげまるじょうや》さんが劇画化したんです。当時は、一歩時代の先を行ってるわけですよ、マンガ本の方が。最初に横溝さんにお会いしたのは、一九七〇年の暮れ。とっくに亡くなっていると思って遺族に会うつもりで訪ねたら、本人が健在なので驚きました（笑）」

一九六八年に『八つ墓村』をマンガ雑誌で劇画化した講談社は、二年後に「横溝正史全集」を刊行。その年の十二月、春樹は横溝邸を訪ね、翌七一年春に『八つ墓村』を角川文庫第一弾として刊行している。

一方、混迷する日本映画界で、一九七四年秋に松本清張《まつもとせいちょう》原作、野村芳太郎《のむらよしたろう》監督の松竹作品『砂の器』が大ヒットを記録。重厚な原作を親子の運命的な物語として大胆に改編した橋本忍《はしもとしのぶ》と山田洋次《やまだようじ》による脚本の力も相俟《あいま》って、感動作に仕上がっていた。

「私は、清張さんの小説自体は古いなと感じていました。しかし映画版『砂の器』の大当たりによって、新潮文庫の松本清張作品が売れることを確認したわけです。それなら横溝作品も成功しうるんじゃないかと。相当用心深かったですから」

そして独立プロを支援するＡＴＧ（日本アート・シアター・ギルド）の高林陽一《たかばやしよういち》監督作品『本陣殺人事件』が、一九七五年秋に公開される。横溝の金田一耕助シリーズ第一作であり、金田一を中尾彬《なかおあきら》が演じた本作は、製作費一千万円に対し一億円の配収を上げ、ＡＴＧ始まって以来のヒット作となった。春樹は宣伝協力のため、五十万円を出資している。

「宣伝協力費を支払うと同時に、初の横溝正史フェアをやったんですよ。横溝さんの小説には、かなり漢字表記が多かった。この際、中学生が読めないような漢字は全部開こうと。読者ターゲットを中学生にまで拡げるためにね。既刊本も開きました」

横溝正史は、新聞「週刊読書人」（一九七五年十二月二十九日）への寄稿文「私の一九七五年」の中で、同年六月〝十三日の金曜日〟の訪問客・角川春樹の言葉を記している。

「先生、そう出し惜しみをしないでドンドン作品をくださいよ。この秋までに二十五点揃《そろ》えて、五百万部を突破させ、十月の文庫祭りを『横溝正史フェア』でいきますから」

機は熟してきた。『砂の器』で成功を収めた松竹と組み、同作の監督野村芳太郎×脚本橋本忍のコンビの流れで、角川文庫第一弾『八つ墓村』を映画化する話が持ち上がる。

「どちらから話を持ちかけたか記憶は曖昧《あいまい》ですが、少なくとも共同製作しようという話は向こうから出てきた。松竹も製作費は出すと。ただし間接費が掛かりますよと。実費とは別に四億円を要求してきたんです」

間接費とは一体何を指すのだろう。

「そこがおかしな話なんです。出版社含め普通の企業なら、販管費（販売費及び一般管理費）というのは掛かりますね。人件費や家賃、宣伝費なども含めた会社を運営するための費用です。おそらく間接費とは、手数料的なお金のつもりだったんでしょう。要するに吹っかけてきたわけですよ。何を言ってるんだと。すると二億円になった。またNOと言ったら一億円になり、そのうち七千万円にまで下がった。これはダメだと。信用できない。とてもまともな会社じゃないと思いました」

七〇年代の日本映画界では、まだそんなどんぶり勘定が通用していたわけだ。

「ただ、『八つ墓村』の映画化権については、すでに松竹に売ってしまっていたので、うちが手を引いても、もう戻って来なかったわけです」

のちに、金田一耕助を渥美清《あつみきよし》が演じた松竹作品『八つ墓村』は、角川映画ブームに競うようにして一九七七年に公開され興行的に成功するが、舞台を現代に置き換えた作品への評価は芳しくなかった。幻の角川映画第一弾をめぐる躓《つまず》きは、それから春樹が映画会社と付き合っていく上で大いなる教訓となる。

映画界への本格参入

それは三十四歳の誕生日だった。一九七六年一月八日、角川春樹は映画製作に乗り出すための個人事務所を起《た》ち上げる。映像・活字・音楽の三位一体《さんみいったい》こそが本を売る最強の戦略であると気づいた頃から自ら映画を作る機会を窺《うかが》っていた春樹は、松竹との一件も踏まえ、映画会社と対等に渡り合う制作会社を作ったのだ。

「父が生きているうちは、無理だと思っていました。話を詰めてはいたんです。だが実行に移すには、父の死を待たなければならなかった」

創業者である源義が一九七五年十月二十七日に亡くなり、角川書店社長となった春樹の計画が動き出す。資本金は六百万円。角川春樹事務所が映画を作るにあたり、角川書店が出資し、宣伝を行うというスタイル。映画を成功させることによって本が売れ、事務所はさまざまなビジネス展開が可能になるという仕組みだ。

「事務所といっても、私が借りていたワンルームマンションの一室ですから。創業メンバーは学生時代からの友人が一人入って、あとは皆、角川書店の人間。編集部や営業部、のちに秘書になる者もいました」

スターや監督が、独立プロダクションを興すことは珍しくない。徳間《とくま》書店が、倒産した大映を再建して映画製作に参入する動きもすでにあった。しかし映画界からの人材抜擢《ばってき》も行わず、異業種の若者が、事務所を構えて映画製作に本格的に乗り出すという行動は、七〇年代半ばの日本ではまず考えられないことだ。

一九七六年五月二十四日、東京プリンスホテルで記者会見を開いた。東宝、東映、ATGのプロデューサーと共に登壇した春樹は、同時に三本の映画製作発表をぶち上げる。ラインナップはこうだ。夏にクランクインし、秋公開が決まっている東宝提携作品『犬神家の一族』。ATG提携作品『オイディプスの刃』。東映提携作品『いつかギラギラする日』。

「要するに、私自身が無名でしたから、永続性があるという事実をジェスチャーしなければいけない。インパクトとしても、三本発表すれば注目度が違う。ただ、すぐに映画化できたのは本命の一本だけでした」

本命『犬神家の一族』については後述するとして、あとの二本はどうなったのか。第一回角川小説賞を受賞した赤江《あかえ》瀑《ばく》原作『オイディプスの刃』は、記者会見よりも前に撮影が進行しており、初めてキャメラを回した角川映画となった。家族の惨劇を描くこの作品は、最終稿が未完成だったが、監督村川透《むらかわとおる》、撮影姫田眞佐久《ひめだしんさく》らのスタッフで、中山仁《なかやまじん》、松田優作《まつだゆうさく》、川口晶《かわぐちあきら》らの出演者とともにフランス・ロケを敢行。春樹も途中から合流している。ところが、当時の資料によれば「私が描いていたイメージと違う」という理由で、春樹が突如製作中止を命じたとされている。

「フランスの有名な香水の産地グラースに行ったんです。撮影にはその時期にしか咲かないと言われるラベンダーが重要でした。その後、新たに上がってきたシナリオの続きを読むと、オカマの話になっていたんですよ！　これは違うぞと。一体誰の趣味だ？　こういう話じゃないだろ。そんなものやる気はないと。ギャラを支払った上で中止にしました」

一部ではアート性を強調しすぎていたためなどと書かれたこともあるが、「全然違います」と笑い飛ばす春樹が明かす製作中止の真相は以上だ。十年後、原作は撮影監督成島東一郎《なるしまとういちろう》が自らメガホンを執り、全く異なる脚本で角川映画の一本となる。

脚本笠原和夫《かさはらかずお》×監督深作欣二《ふかさくきんじ》による企画『いつかギラギラする日』は、春樹の思い入れも一入《ひとしお》だった（本書のタイトルにもなった経緯は、あとがき参照のこと）。当初は『実録・共産党』という名の業界注目の企画。東映の看板となっていた実録路線『仁義なき戦い』シリーズの脚本家と監督のコンビで、武装闘争を行っていた戦前の共産党を描いていた。東映内で製作が暗礁に乗り上げたことを知った春樹は、笠原にノベライゼーション版も依頼し、製作費を角川が持ち、東映に制作を依頼。ただし、脚本を咀嚼《そしやく》して、同時代の青春像をも反映させたアナーキーなアクション映画を志向していた。

「実在の人物の話ですから。映画化に際して、当然キャラは変わったとしても骨子は変わらない。ただ『実録・共産党』のタイトルのままでは映画化できませんから、発表したのが『いつかギラギラする日』。これは後で揉《も》めたんですよ。河野典生《こうのてんせい》からのクレームもあったけれど、推理作家協会理事長だった佐野洋《さのよう》も加わって、すったもんだしたんです。そしてやっぱり小屋(映画館)が掛けてくれそうにない。内容的に無理だった。主演候補は川谷拓三《かわたにたくぞう》でした」

第二回角川小説賞を受賞した河野典生が、文藝春秋《ぶんげいしゆんじゆう》から出していた小説のタイトルは『いつか、ギラギラする日々』。春樹が発表した企画名は、読点を取り除き、「日々」を「日」に変えてある。河野と親交のあった佐野が加勢したという事実は初めて耳にしたが、共産党支持者として知られる佐野洋は、題名だけにこだわっていたわけではないであろう。こじれた経緯は想像に難くないが、河野も佐野も鬼籍《きせき》に入ってしまった。映画『いつかギラギラする日』は、一九九二年に深作欣二監督作品として公開されている。それは『実録・共産党』とは全く無縁の作品だったが、松竹の奥山和由《おくやまかずよし》プロデューサーが、春樹にタイトルだけ使わせてほしいと願い出たものだった。

　映画界参入にあたり、同時に三本の映画を用意するという周到な企画力と行動力。しかも提携相手の配給元には全方位外交だ。ただし『八つ墓村』の一件に懲《こ》り、当然の如《ごと》くこの時点で松竹は除外している。

＊　＊　＊

　ここで、映画史から確実にこぼれ落ちてしまう話をしよう。

　一九七六年五月の角川映画三本同時製作発表会見の席上、春樹はマスコミ関係者に一冊の単行本を配っている。書名は『わが心のヤマタイ国　古代船野性号の鎮魂歌』（立風《りつぷう》書房）。会見直前に刷り上がった、角川春樹が本名で上梓《じょうし》した初めての本だ。映画界においては無名の若者同然だったため、「名刺代わりだった」と春樹は語る。

　この本に書かれた航海こそが角川映画史の〝汽笛〟といえるかもしれない。一九七五年夏、春樹自身の「ディスカバー・ジャパン」は過酷な船旅だった。それは邪馬台国《やまたいこく》論争に決着をつけるため、春樹がプロデュースした日韓共同プロジェクト。踏査隊のメンバーは研究者やメディア関係者など約五十名に及んだ。

「五世紀の船型埴輪《はにわ》から復元した野性号で四十七日間かけて朝鮮海峡を渡ったんです。釜山《プサン》から博多《はかた》まで『魏志《ぎし》』倭人伝《わじんでん》にある邪馬台国へのルートを、肉体で検証し実感したかった。自分の野性がこのまま都会にいたら腐っていく。ごく普通の二代目になってしまう。生死を懸《か》け、自らの魂である野性を全面に出していこうと。そうしないと出版社の経営は難しい。ならば、いずれ自分が社長になったら、自費で映画を作ろうと」

それから約四十年の歳月を経た今、春樹にとってこの旅の意義とは何だったのか。

「親父《おやじ》との唯一の接点だったんですよ。親父は古代史の研究をやっていましたので。私の航海安全を願ってくれた。対馬《つしま》で私を出迎えてくれる予定になっていました。しかし来ていない。戻ってみると、げっそりやつれている。病院に行くと、貴方《あなた》のお父さんは九十八％肝臓がんですと。旅に出る前は全く知らなかった。厳密に言えば余命三ヵ月と言われ、結局三ヵ月も持ちませんでした」

『わが心のヤマタイ国』に掲載された〈父へ〉と題する序文に、春樹はこう記した。

（略）子供の頃、父は私に木馬を買ってくれた。不思議にそれだけを記憶している。私にとって父が何であったかを知るために、通夜の後、雨の遊園地に行った。回転木馬の前で立ち止まると、いつまでも動かない木馬を見つめていた。父の一生は、この木馬のように定められた運命の円上を、走り続けたのだろう。その円周が大きければ大きいだけ、父は偉大だった。私はいつだって、観客として、父が走り続けるのを見守っていただけだった。だが、これからは私自身が一頭の木馬に化して、父とは違った円を描いていくのだろう。父と子が、円周線上で交わったのは、最後になった夏の、あの幻の古代船であった。

突然、胸の中を、重苦しい壁を突き破り、激しい怒濤《どとう》のような解放感が押し寄せてきた。

野性号での決意は、思いも寄らぬ形で時計を早められ、春樹を「映画」へと向かわせることになる。

「乗組員の一人だった高橋三千綱が『ロマンの一環としてやったらいいですよ』と言った。それを考える時間だけはたっぷりある旅でした。間違いなく、あれが出発点です。大事にしているキーワードがあります。それまでは、不器用にも世の中のメジャーに何とか合わせてきた。しかしもう他人の物差しに合わせるんじゃなくて、世の中がオレのメジャーに合わせろ！　と転換したんですよ。そういうことも全部ひっくるめて、本当に大きな旅でした」

日本映画を刷新した『犬神家の一族』

では、春樹が一世一代の勝負を賭《か》けた壮大なロマンの第一弾『犬神家の一族』とはどんなミステリーだったのか。舞台は昭和二十年代の那須《なす》湖畔。信州財界の大物・犬神佐兵衛が莫大《ばくだい》な遺産を遺《のこ》して亡くなる。正妻を持たなかった彼の謎《なぞ》めいた遺言状をめぐり、腹違いの三人の娘の欲望が渦巻く中、連続殺人が発生。呼び寄せられた名探偵金田一耕助が、おどろおどろしい事件の解明に挑む。

父との関係性や家族の問題を思い悩み、乗り越えることを課題としてきた春樹にとってこうした物語が角川映画第一弾となった事実には、宿命的なものを感じざるを得ない。実際、春樹自身もこう述べている。

「タテ社会の国ですし、一族の問題や親子の関係は、日本人に受けるテーマですからね。父との葛藤《かっとう》があっただけに、私にはよくわかる」

一九七四年に公開された、山崎豊子《やまざきとよこ》原作による富と権力をめぐって愛憎入り混じる一族物語の映画化作品『華麗なる一族』のヒットも、『犬神家の一族』製作への追い風になった。

起ち上げたばかりの角川春樹事務所に映画制作に精通した者はいなかったが、春樹には数名の相談相手がいた。ノベライゼーションの仕事を通じ、映画界に築いてきた人脈。洋画配給会社の宣伝マンや映画業界紙の記者などを中心とする仲間たちだ。当時、日本ヘラルド映画の敏腕宣伝マンとして活躍していた原正人《はらまさと》もその一人だった。

「監督に市川崑《いちかわこん》を起用しようというのは、原正人の意見でしたよ。その時点で〝映画の仕事がない巨匠〟といえば彼だったんです。テレビで『木枯らし紋次郎』は撮《と》っていましたが、映画では文芸作品をやっては興行的に失敗していた。市川崑じゃ当たらないだろうというのが映画界の常識だった頃です。ましてや主演の石坂浩二《いしざかこうじ》に至っては、前年のＮＨＫ大河『元禄太平記』での評判がよくなかったので、たぶんスケジュールはがっちり空いているだろうと」

横溝正史のみならず市川崑もまた、過去の人になりつつあったところ、結果的に本作で甦《よみがえ》ることになる。石坂浩二も当たり役となって、計六本の映画で金田一を演じている。

「脚本は初稿が全然使えない内容だったので、原稿料だけ払ってキャンセルしました。市川崑さんに相談すると、〝久里子亭《くりすてい》〟（推理作家アガサ・クリスティの名前のもじり）という共同ペンネームで組んでいた日高真也《ひだかしんや》と書きたいというので、神楽坂《かぐらざか》の旅館『和可菜《わかな》』に入ってもらって、毎日のようにできあがった脚本を受け取りに行って、その度ごとにガンガン意見を言いましたね」

金田一耕助シリーズは、戦後まもなく東横および東映京都によって片岡千恵蔵《かたおかちえぞう》主演で映画化された。スーツ姿の颯爽《さっそう》としたヒーローがドンパチの撃ち合いを繰り広げる。それ以来、岡譲司《おかじょうじ》、河津清三郎《かわづせいざぶろう》、池部良《いけべりょう》がスタイリッシュ路線を踏襲し、高倉健《たかくらけん》や中尾彬になってラフなスタイルに変わったが、基本的には〝格好いい〟キャラクターだった。そんな金田一耕助像を、春樹は根底から覆《くつがえ》そうと考えた。

「徹底的に、時代の生きものとしてのエンターテインメントにしたかったんです。発想としてはマカロニウエスタンのスタイル。小さな町で殺し合いが起き、そこにガンマンがやって来て、事件を解決して去って行く。下駄《げた》に袴《はかま》。帽子を被《かぶ》ってトランクを提げ、戦後日本の面影が残っているような片田舎で撮影する」

外見を気にしないもじゃもじゃ頭でユーモラスな雰囲気を漂わせつつ、実はすこぶる頭脳明晰《めいせき》というキャラクターは、NHKで放送され人気を博していた海外ドラマ『刑事コロンボ』も意識していた。

「風采《ふうさい》が上がらないのに名推理をするというね。そういう発想が、既成の映画人からは出て来なかった。重要なのは、一種の時代劇としてやろうというアイデア。時代劇である以上、あれから何年経《た》っても、この映画は古びようがないんです」

オールドファッションな世界観の下で繰り広げられる、血塗られた物語。そこに流れる大野《おおの》雄二《ゆうじ》作曲のバラードの哀愁漂う旋律は、ハープとシンセサイザーとダルシマーの音色が美しく、不思議にも映画と調和した。

「大野雄二さんはそれまで、テレビのドラマやアニメ、ニュースの仕事などが中心でしたが、私が抜擢したんです。市川崑という巨匠と若い感覚の作曲家が組んで、新しい映画づくりをしたかった」

ただ、土俗性や家族というキーワードだけでは、この映画は社会現象にならなかったかもしれない。〝洋高邦低〟という言葉で言い表された洋画偏重の時代。若者が好む洋画のトレンドは「オカルト」だった。宗教的要素も孕《はら》む不可思議な現象に畏《おそ》れ惹《ひ》き付けられる風潮は、『ローズマリーの赤ちゃん』に端を発し『エクソシスト』で一挙に拡大して『オーメン』へと至った。『犬神家の一族』の新聞広告には「悪魔」という言葉が踊っている。〈新しい悪魔が来る!!〉〈霧の湖に今日もまた悪魔の仕業が…〉〈日本全土に新しい悪魔が放たれる!〉。当時としては、オカルトブームをも巧妙に利用したのだ。ただ、西洋の悪魔とは異質な世界観ゆえ、今となってはコピーにやや違和感を覚える。

「ええ。あの映画の広告は東宝の宣伝部が作ったもので、私の指示じゃなかった。犬神信仰というのがあるんですよ。犬と言っても元々はきっと狼《おおかみ》のことでしょう。大和《やまと》朝廷も承認し難く犬神になった。おそらく超能力者のような連中だと思うんです。三國連太郎《みくにれんたろう》演じる犬神佐兵衛は犬神を祀《まつ》っている。前面には出さないけれど、佐兵衛を一種の異能集団の一人という風に描こうよ、と市川崑監督に提案していました」

新聞広告よりも強烈だったのはテレビのＣＭ展開だ。〈金田一さん、事件ですよ!〉というＣＭは画期的だった。

「あんな形のテレビスポットは、それまでになかったからね。純粋な映画の宣伝じゃなかったんです。当時はまだ一つのＣＭでダブルの提供をすることができなかったので、角川文庫の宣伝として打った。大してお金は掛かっていません。でも角川映画に関する初のテレビスポットでしたね」

映画界はテレビを敵視していた。競合メディアに、金を投下することなど論外という考え方さえあった。

「それにテレビスポットを打ったところで、どうせ客は小屋に来ないよという諦《あきら》めがあった。

しかし私は、積極的にテレビを利用することにしました。ワイドショーを使って映画宣伝を行ったのも初めてのこと。宣伝費は発生させない。私自身が出演しました」

春樹は、さらに奇抜な手法で耳目を集めている。完成披露試写会後のパーティーでは、鉄仮面の男たちが白い棺《ひつぎ》を運び込み、蓋《ふた》が開くと中から白いタキシードに身を包んだゴムマスクの男が現れて、参会者の度肝《どぎも》を抜いた。それは、春樹その人だった。

「あれは唐十郎《からじゅうろう》の演出でした。棺から飛び出した私がメッセージを言う。この映画の新しさは監督でも主演でもない。復活した横溝さんと私自身。つまりプロデューサー自体がスターにならなきゃいけない。私自身が映画の顔となって引っ張っていく。この切り口しかないぞと。角川春樹という人物を素材として使っていこうという、客観的な考え方でした」

本業である製作面について確認しておこう。諸説あるが、製作費二億二千万円、そのうち一億五千万円は銀行借り入れで正しいだろうか。

「そうですね。二億の予定で、うち五千万は角川春樹事務所が借りたお金。一億は角川書店が借りたお金。オーバー分の二千万は書店の方で」

東宝側も製作費を負担したのか。

「配給をお願いするだけのつもりでしたが、営業本部長だった松岡功《まつおかいさお》さんが五千万円出すと言うんです。なぜそんなに出してくれたのかというと、結局私の宣伝戦略に着目していたんでしょうね。これからは若手と手を組んで行くべきだと。明快な人でした」

ところが公開後、東宝との間にトラブルが発生した。角川側が東宝のプロデューサーらを横領罪で訴え、それに対し東宝側が誣告罪《ぶこくざい》（虚偽の事実を申告する罪）で逆告訴。当時の朝日新聞（一九七六年十一月二十七日）から、双方の言い分を抜き出してみよう。

角川「巨額の不正が当方の調査で明らかになった。浄化のためにあえて告訴に踏み切った。これからの映画界には外部からの資金や発想が必要だろうが、こうした障害があってはいけない」

東宝「（略）必要上、やむをえなかったのだ。操作はたしかにいけないが、それも三十万円くらい。忙しい映画製作の現場では、領収書をもらえない時もある。裏金を渡すケースも出てくる」

訴状に記載された着服額は百十一万円。東宝側のコメントを読む限りでは、コンプライアンスという感覚など存在しなかった時代の映画界の体質が窺える。

「映画界ってのはインチキだなと思いました。伝票をチェックしたら、存在しない酒屋の領収書とかゴロゴロありましたから。ここで舐《な》められるわけにはいかない。検察が間に入って和解しましたが、あれはあれでよかった。それ以来、他人に製作を任せるってことをしなくなりましたから」

では興行的にはどうだったのか。閑散期と言われた秋の公開。老舗《しにせ》雑誌「キネマ旬報」（一九七六年十月下旬号）の興行価値というページでは、「ロードショーと一般封切を合わせて配収三億五千万から四億円というところ、と思う（略）結果として、東宝が儲《もう》かり、角川事務所が損をすることになるのではないか」という予測がなされている。

「予想を立てるだけの興行ゴロみたいな男が書いているんでしょう。それにほとんどの映画関係者は、私が失敗するのを期待していたんです」

日比谷映画で一九七六年十月十六日から行われた先行ロードショーの週計は、動員五万六千三百三十五人、興行収入六千五万二千百四十円。これは一館あたりの週計興収の世界新記録となる。その後十一月十三日からの全国拡大公開の配給収入は十五億五千九百万円（社史『東宝75年のあゆみ』より）。この年、創価学会の組織動員による『続人間革命』の配収十六億円には及ばなかったものの、邦画二位の成績となった。ちなみに、当時は主に配収で発表されていたが、これを現在使用されている興収に換算するなら、約二倍の数字になると考えてよい。

「本当はもっといけるはずでした。洋画系の小屋だったので、正月興行までロングランしたんですが、リバイバルの『岸壁の母』なんて映画と二本立てにされてしまった。これで利益を半分もっていかれる」

忘れてはいけない。本を売るために映画を作ったのだ。角川文庫の横溝正史作品全四十冊は千八百万部、『犬神家の一族』は二百万部を突破。そして十一月半ば、大ヒットを祝すパーテイーの席上、春樹は森村誠一《もりむらせいいち》原作の『人間の証明』を角川映画第二弾として翌年秋に公開すると発表した。

Scene 3

戦士の証明

『人間の証明』脚本公募でプロを挑発

排他的な七〇年代半ばの日本映画界に、門外漢が参入するには大きなリスクを伴ったが、春樹の賭《か》けは用意周到だった。『犬神家の一族』の本と映画とレコードの売上が「凄《すさ》まじい勢いで経理に振り込まれてくる」現実を前にして、春樹は勝利感に浸ることなく、ただ「戦略の正しさ」を確認した。次なる『人間の証明』の挑戦は、さらに先鋭化していった。

＊　　＊　　＊

二作目は『犬神家の一族』の配収を超え、二十億円に達しなければ映画から撤退するという覚悟を決めた春樹は、横溝正史ブームの真逆を狙《ねら》った。

「土俗的なものから一転したもの。今度は都会を舞台にしようと」

しかも、すでに一時代を築いた巨匠ではなく、磨けば光る逸材に白羽の矢を立てトータル・プロデュースする。その対象は、四十代初めの森村誠一。すでに『高層の死角』で江戸川乱歩《えどがわらんぽ》賞、『腐蝕の構造』で日本推理作家協会賞を受賞していたものの、まだ文庫化作品が少ない作家だった。

「彼がまだ無名時代、キオスクに並んでいた青樹社のものから読んでいました。『腐蝕の構造』は最初、毎日新聞に連載したものです。カッパ・ノベルスでもミステリーを書き始めていましたね。文庫で出せば、もっと売れるんじゃないかと」

春樹は、一九七四年に創刊した文芸誌「野性時代」への連載を森村に依頼する。どんな指示を出したのか。

「特に記憶がないんですよね。森村さんによれば、私は彼に『作家としての存在証明になるものを書いてくれ』と言ったようです」

棟居《むねすえ》刑事を主人公にした小説『人間の証明』は、単行本化され初版三万部。当初は決して芳しい売れ行きではなかったが、映画化の話が進むにつれ、十五万部まで伸びていく。

森村にとって「推理作家としての証明書」となるミステリーは、日米両国をまたぎ、戦後三十年の流れの中で日本人の生き様を見つめる社会派要素も盛り込まれた。大金を手にした混血青年がナイフで刺され、死に際に「ストウハ」という謎《なぞ》めいた言葉を残して死ぬ幕開け。西條《さいじょう》八十《やそ》の詩「ぼくの帽子」の一節からインスパイアされ、キャッチコピーにもなった〈母さん、僕のあの帽子、どうしたでしょうね〉のフレーズに託されたように、母への深い思慕を中心に据えていた。

「そう、母ものです。それが、映画化したい理由でもあった。自分の産みの母に会いたいというね。私にとっても母へのオマージュです」

クリエイターを発掘し育てるとともに、自身のテーマに引き寄せてもいる。春樹は、どのようにしてプロデュース術を学んだのだろう。

「ビートルズが流行《はや》りだした頃、誰が仕掛けたんだろうと思って調べてみたんです。すると、ブライアン・エプスタインというマネージャーの存在があった。イギリス生まれのユダヤ人。彼はリバプールにレコード店を持っていた。ある日そこへ、〝シルバー・ビートルズ〟というバンドのドーナツ盤を買いに来た客が二人いたのに、彼の店には置いていなかったんですね。彼らのライブに行ってみると、エルビス・プレスリーのコピーか何かを演奏している。だけど、これは化けるぞと。彼らに契約を申し出て、全部自分に任せてほしいと。メンバーも一部入れ替える。バンド名は〝シルバー〟を外して〝ビートルズ〟にする。そうして、自分の店でレコードが売れるようになっていったわけです。ブライアン・エプスタインは目標でした。プロデューサーとしてというより、私が編集者になるときのね」

ほとばしる才能。時代が求めていた音楽。そんな捉《とら》えられ方をされがちな伝説的アーティストもまた、戦略の賜物《たまもの》であり、陰には仕掛け人がいる。

「『ビートルズ革命』というのは結果論であって、彼らには文化をどうしたいという気があったわけじゃない。有名になりたい。お金持ちになりたい。女にモテたい。最初は大抵そんな話ですよ。そこに希代のプロデューサーが現れて、革命が起こされていくわけです。映画で言えば、制作・宣伝・配給・興行、そのすべてが『映画』なんです。企画を立て俳優を呼んで監督を決め、撮影現場に立ち会う程度のプロデューサーがほとんどでしょう。それだけじゃ、プロデュースでも何でもない」

プリ・プロダクションにおいて春樹は、作家をもう一人プロデュースしている。映画の七十%は脚本で決まる。育てた作家の小説であっても、換骨奪胎《かんこつだったい》がなされなければ原作を超える映画にはならない。そんな持論が春樹にはあった。登場人物が多いばかりか、構成が複雑極まりない本作の脚本化は困難を伴う。そこでプロモーション効果も兼ね、脚本の一般公募という策に打って出た。

一九七六年十二月四日付・朝日新聞の『人間の証明』書籍広告に、「シナリオ募集」の文字が躍った。賞金は、著作権料込みで五百万円。当時の脚本料は、ロマンポルノで一本三十万円、一般作の相場が百〜百二十万円。名のある脚本家であっても三百万円程度の時代である。

この広告を目にして心中穏やかでいられない男がいた。松竹でキャリアを始め、木下恵介《きのしたけいすけ》に認められて、成瀬巳喜男《なるせみきお》、小林正樹《こばやしまさき》、豊田四郎《とよだしろう》、中村登《なかむらのぼる》ら名匠の作品を手掛け、『名もなく貧しく美しく』で監督デビューも飾ったベテラン脚本家松山善三《まつやまぜんぞう》だ。文庫化された「シナリオ人間の証明」（角川文庫）のあとがきから、松山の回想を引用しよう。

（略）応募規約を見ているうちに、僕は次第に不機嫌になった。規約には「プロ・アマを問わず」とあるではないか。これは、プロにとって最大の侮辱《ぶじょく》である。現在活躍中のシナリオ・ライターを認めず、「やれるものならやってみろ」という、プロデューサーからシナリオ・ライターへの挑戦状ではないか。プロデューサーの名は、角川春樹とあった。

応募は六百六十九通に上った。絞られた候補作は十三本。中には、二十八歳・俳優という肩書きの岡田裕介《おかだゆうすけ》（現・東映グループ会長）の作品も含まれていたが、プロの〝ホン書き〟の名が目立った。

「最終的に三本に絞ったんですが、さすがに三名ともプロでした」

賞金二百五十万円の入選作は、推理作家・小林久三《こばやしきゅうぞう》とシナリオライター・松田寛夫《まつだひろお》。そして栄冠を手にしたのは、松山善三だった。

「松山脚本は、棟居刑事がニューヨークへ赴く点で原作を大きく変えてあった。普通の日本映画なら、製作事情を踏まえてやらないでしょう」

大作映画のスケールを企図した松山の脚色によって、大規模なニューヨーク・ロケの必然性が生じる。脚本は初版五万部で文庫化され、原作者と脚本家に印税も支払われた。原作がいかに脚本化されるか、というプロセスまでもが注目を浴びたのだ。

「松山さんが受賞したから脚本も注目されたのではなく、脚本家が脚光を浴びるように演出したわけです」

高倉健を却下して松田優作を大抜擢

監督は、東映で戦争映画ややくざ映画を撮ってきた佐藤純彌《さとうじゅんや》。監督デビュー作『陸軍残虐物語』には戦争批判が際立つ。フリーになって以降は、高倉健主演作『新幹線大爆破』『君よ憤怒の河を渉《わた》れ』を撮っていた。前者はヨーロッパで、後者は中国で大ヒットを記録している。

「『新幹線大爆破』を観《み》ていました。彼自身は勤皇少年でしたから、暴力という形の中で反権力という志向になってきたのかもしれない。誠実な人ですよ。長い付き合いになります。『男たちの大和』のときも周囲は反対したんです。古くさいと。当たらないと。東映の『北京原人』が大失敗したじゃないですか。でもあれはプロデューサーの責任だよ（笑）」

テレビドラマで認知され始めてはいたが、松田優作のメジャー大作への主演抜擢《ばってき》は大英断。当初、春樹と佐藤純彌の見解は分かれていた。

「佐藤さんは高倉健で行きたいと言っていたんですよ。『幸福の黄色いハンカチ』が当たっていた頃、健さんと青山の喫茶店で会ったんです。東映の坂上順《さかがみすなお》プロデューサーも同席しました。

健さんは原作を読んで乗り気でしたよ。しかし、私は違うと。役のイメージに合わないと。実を言うと、彼の手にシミが多いのが気になったんです。役から言って、これは無理だなと。老け過ぎて見えてしまう。彼は、まさか自分が断られるとは思っていなかったのでしょうね。後日、ショックが長引いたと言っていました」

年齢設定的にも、四十代半ばの高倉健では無理があった。周知のように角川映画第三弾『野性の証明』の主演に起用することになるが、春樹は脂の乗り切ったビッグスターを一度袖にし、優作の未知なる可能性に賭けたのだ。後年、その二人の役者がハリウッド映画『ブラック・レイン』で競演することになるのは、運命的な巡り合わせといえるだろうか。

「製作を中止にした『オイディプスの刃』の撮影現場で、すでに優作には会っていました。テレビの『大都会ＰＡＲＴⅡ』も観てはいた。でも最初に注目したきっかけは、ある一枚のポスターなんです。地方で『犬神家の一族』の撮影をしていたときに見かけた、優作と舘《たち》ひろしが主演した『暴力教室』と『ブラック・エンペラー』のポスター。インパクトが強くてね。その映画自体は当たらなかったんですが、こいつはやっぱりスター性があるなと」

二十代半ばの優作は血気盛んで暴力事件を繰り返し、映画・テレビ関係者から厳重注意を言い渡されていた。ニューヨーク・ロケに向かう時点でも、優作は執行猶予期間中だった。

「出国するのに、いちいち裁判所の許可が必要でした。私は政治家や外務大臣と親しかったので、スムーズにいくよう手配していましたよ」

隠し撮りして逃げるように帰ってくる海外ロケは、それまでにいくらでもあった。春樹は『人間の証明』のニューヨーク・ロケのため、正式にアメリカのユニオンを通し、現地クルーを使う態勢を整えている。

「向こうで撮るからには、ニューヨークの街と人にお金を落とすことが大事なんです」

ほとんどが現地クルー。総勢七十名による一ヵ月半の本格的な長期ニューヨーク・ロケは日本映画史上初。ただし、何かと問題は多かった。

今なおアメリカと日本では、基本的に撮影システムが異なる。日本では、照明技師がライティングを決めて、撮影技師はアングルや露出を決め、自らファインダーを覗《のぞ》きながらパン棒を握ってキャメラを操作する。『人間の証明』のキャメラマンは、日活で活躍してきた姫田眞左久だった。彼は自叙伝『姫田眞左久のパン棒人生』（ダゲレオ出版）の中で、アメリカの撮影監督システムを体験し、自分がキャメラを回せないストレスについてこう書いている。

システムとしてどうだったかというと、まず監督が「こういうカットを撮る」と言いますね。その次に僕がキャメラを覗くんです。僕がだいたいの画《え》をつける。そうしておいてアメリカのキャメラマンに渡すんです。覗くと「分かった」と言いますね。そのあと彼がオペレーターに伝えて、実際にはオペレーターがキャメラを回すわけ。照明はアメリカのキャメラマンがやる。つまり撮影監督システムの上に僕が乗っかるという形だったんですね。

アウェイでの不慣れなシステム。欲求不満が募る上に、当時はまだ日本からやってきたスタッフやキャストを蔑視《べっし》する空気が色濃く残っていたようだ。そして、本来は高倉健で行きたかった佐藤純彌と松田優作との意思疎通にも問題はあった。

そんな中、優作がキレた。現地コーディネーターのサイモン・ツェーを呼び出して殴ったのだ。理由は日本人俳優に対する暴言だったと言われており、優作が怒るのも無理からぬことだという見方もあった。

「またやったのか！　という感じじゃないですか。その暴力沙汰《ざた》は大事にならずには済んだんですが、私は怒りました。周囲に示しがつかない。一対一でやってやろうと」

諭すのではなく、優作と対決する覚悟を決めたというのだ。この発想からして、その辺の都市伝説を超えている。

「私はそれ以前に、パレスチナでコマンドーと決闘していましたからね。もちろん素手です。私が打ち勝って英雄になりましたよ。殺し合いのケンカには慣れていたので、度胸が据わっていました。優作も当時、空手の黒帯か何か取っていたようですが、そんなもん目じゃない。ホテルの私の部屋に呼びつけました。激しい戦いになるだろうなと。すると、優作は突然土下座してきた。絶妙なタイミングで『何をされても結構です』と謝られてね。仕方ない、わかったと言うしかないじゃないですか（笑）」

春樹vs優作のリアルバウトは、互いの身体《からだ》に触れることなく試合終了。優作は、本当に自分の方に非があると思うと、土下座して謝ることがあったと言われている。その後二人は急速に距離を縮め、プライベートで親しい付き合いになったという。優作の最初の妻松田美智子《まつだみちこ》の著書『越境者　松田優作』（新潮文庫）によれば、春樹への印象について、優作はこんな言葉を残している。

「初対面のときは、自信満々で強気な発言にカチンときた場面もあったが、話をするうちに、神経質なくらい人に気遣いする面が見えてきてな、信頼できると思った」

鼻っ柱の強い異端児同士は、実は人一倍繊細であるという点においても波長が合った。

「ニューヨーク・ロケの最中、角川文庫のテレビCMロケもあったんです。アートディレクションは石岡瑛子《いしおかえいこ》さん。元劇団四季《しき》の寺田稔《てらだみのる》を起用しました。日本人旅行者が黒人の強盗に腹を刺される。彼は『うっ……』となるが、ワイシャツの下には角川文庫……というCM（笑）。そのロケを優作と観に行ったんです。そうしたら、『角川文庫のコマーシャルに出たい』と言い出したよ」

その後テレビCMではなかったものの、一九八七年にモノクロ撮影のポスター「角川文庫夏のフェスティバル」で、その願いは半ば叶《かな》う。優作が亡くなる二年前のことだ。

メディアミックスと公開翌年のテレビ放映

東映出身の監督、松竹出身の脚本家、日活出身のキャメラマン。出演者には、三船敏郎《みふねとしろう》、鶴田浩二《つるたこうじ》、岡田茉莉子《おかだまりこ》というビッグネームも揃《そろ》え、撮影所は日活、配給は東映、興行は東宝＝東映の洋画系といった映画界三役揃い踏み。『犬神家の一族』は東宝邦画系の映画館で掛けたが、今回は違う。公開前の八月に、東映の岡田茂《おかだしげる》、東宝の松岡功と行った業界誌主催の三社社長鼎談《ていだん》（文化通信社編著『映画界のドン　岡田茂の活動屋人生』ヤマハミュージックメディア）で、春樹は次のように理由を述べている。

（略）地方の邦画のコヤの中には、かなりひどいコヤもあるわけですね。（略）ボクがやくざ映画つくるなら、よろこんで東映の番線でやっていただくんですが、「人間の証明」はどう見たって洋画系で掛けるのがふさわしい。もうひとつは、洋画ＲＳ劇場には指定席があって、値段のメリットがある。また、歩率《ぶりつ》も邦画系より数％いいのですから、製作する側としては手にする利益が多いと思ったからですね。

旧来の因習を実弾投下で粉砕し、邦画の枠組みを破壊する春樹の一大イベントは、一九七七年十月八日の公開へ向け、前作以上に賑々《にぎにぎ》しく宣伝展開が行われた。〝森村誠一フェア〟を中核に、角川から出版されるすべての出版物に三千万枚の折り込みやしおりが挟まれた。ニューヨーク・ロケだけで百万ドルを費やした製作費総額六億五千万円とは別に、宣伝費九〜十億円という情報に間違いはないだろうか。

「製作費はそのくらい。宣伝費に関しては東映が四億。角川書店として掛けた金額は、テレビスポット中心ですが、四億くらいですね。文庫になった『人間の証明』は、五百万部近く行ったんじゃないかな」

文庫本と映画をつなぐ名キャッチコピー〈読んでから見るか。見てから読むか。〉は、本作で誕生している。ポスター・キービジュアルもまた画期的だった。そこには優作の顔もなければ、ビッグスターの姿もない。劇中には直接登場しない黒人幼児のアップの背後に、摩天楼《まてんろう》の夜景をあしらい、飛び去っていく麦わら帽子のイラスト。映画界には黒人映画は当たらないというジンクスがあるため危惧《きぐ》する向きもあったが、東映洋画配給部は、意表を衝《つ》いた型破りなデザインと春樹の野心に賭けた。

「あの子はジョー山中《やまなか》の実の息子。駅貼《ば》りのポスターが盗まれるほどの人気でしたよ」

冒頭で殺される役をオーディションで勝ち取ったロックシンガーのジョー山中は、西條八十の詩を英訳した歌詞に大野雄二が曲を付けた主題歌も歌った。ところが、レコード発売日に山中は大麻取締法違反容疑で逮捕されてしまう。テレビやラジオは主題歌を掛けるのを自粛した。

「レコードは発売されたし、私は主題歌の流れるCMを止めなかった」

結果的に主題歌は、五十万枚を超える大ヒットを記録する。

月刊誌「バラエティ」の創刊も忘れてはならない。同名のアメリカの老舗《しにせ》業界誌に挨拶《あいさつ》はしたが、提携関係を結ぶ必要はなかった。メディアミックスをポップな切り口で編集。創刊号と創刊二号では『人間の証明』がフィーチャーされた。

プロデューサーとして関《かか》わった吉田達《よしだとおる》はこう語っている（東映社史『東映の軌跡』）。

「人間の証明」をやっていて痛感したことは、作品を売っていく姿勢が徹底していることです。これは東映を含めて大手の映画会社と宣伝に対する考え方が本質的に違うなということを勉強しました。われわれ現場で育ったものからみると、あくまで撮影が主であるという考えがありますが、そうじゃない。いくら完璧《かんぺき》な撮影をしても売れてなきゃダメであるという基本方針があって、「吉田さん、売るんだよ、売るんだよ」といって、徹底的に売っていく。十億円かけるなら十億円かけるなかで最も重要な要素が宣伝であるわけです。

いかに大手映画会社に衝撃を与え、宣伝を変えたのかがよくわかる証言だ。また、東映関西支社の宣伝マンの、次の証言は興味深い（東映社史『東映の軌跡』）。

　それまでの支社宣伝の取り組みは、作品が仕上った時点で、俳優、監督による完成披露記者会見が行われるのが通例で、キャンペーンは大抵公開の一週間前というギリギリのタイミングでした。

　そんな宣伝活動の常識を根底から覆すきっかけが、「人間の証明」でした。角川さんの指令は、角川さん本人や俳優が滞在している限り、朝から晩まで取材を一日中休みなく全部入れて欲しい、というものでした。それまでは比較的ゆるやかにスケジュールが組まれていましたが、この映画では、時には俳優が音を上げるほどにタイトな取材スケジュールを組みました。以後、角川作品に限らずそれが定番となりました。

　メディアミックスという誰の目にも明らかな革新のみならず、その後、業界内部ではすでに常識化した宣伝手法のルーツも、春樹が編み出したものだった。

　では、映画自体はどう受けとめられたのか。朝日新聞（一九七七年十月十二日）の「奇想天外な物語や仕掛けさえあればいいのか、それで人間の心はつかめたのか」という辛辣《しんらつ》な映画評に代表されるように、評論家や映画通からは否定的な意見も多かった。しかし、十六〜二十四歳が七割、女性層がやや多い動員によって、『人間の証明』は配収二十二億五千百万円を記録し、春樹は公約をクリア（文化通信調べの配給歩率五十五％換算＝興収四十一億二千万円）。この年、高倉健主演の東宝大作『八甲田山』の配収二十五億二千万円に次ぐ二位の成績だった。

それまで二本立て興行が主流だった邦画は、角川映画の成功によって一本立て興行に拍車がかかった。綿密な計画を立て、戦略的な宣伝を行い収支の明瞭化《めいりょうか》を図る。企業としては当然の行為なのに、古い価値観を引きずり、「映画界は出資者主導型に流れ、活動屋気質がすたれた」と憂う声もあった。とはいえ、閉鎖的な映画界の体質は、徐々に近代化を余儀なくされていく。春樹の乱に最も触発され、積極的に発想を採り入れようとしたのはテレビ局だろう。

この年、TBS系列は四月から毎週土曜二十二時に「横溝正史シリーズ」と銘打って、古谷《ふるや》一行《いっこう》が金田一耕助に扮する六作品の横溝作品テレビドラマ版を二クール放送している。

「MBS、大阪毎日放送の製作でした。私は製作費を出さなかった。CMも入れていない。斎《さい》藤守慶《とうもりよし》という常務が相談に来た。当時MBSは東京でもオンエアされる枠が少なかったそうです。映画で話題になった『犬神家の一族』のテレビ版をやれば枠の拡大に繋《つな》がると見たわけですよ。彼は後に社長になりました」

MBSは『人間の証明』公開に合わせ、「森村誠一シリーズ」を二クール編成している。それよりも興味深いのは、角川映画の放映権を獲得したフジテレビの動きだ。本作公開の翌年、『野性の証明』公開前日に、開局二十周年記念特番として『人間の証明』をオンエア。番組冒頭の解説コーナーには、高島忠夫《たかしまただお》の司会の下、春樹がゲストとして招かれている。

BSやCSなどの有料チャンネルなき時代、わずか一年後に地上波ゴールデンタイムで劇場映画が放送されることは掟破《おきて》り。大手映画会社は、封切から三年以内はテレビで放送させないという〝不文律〟があった。

「そんなこと知ったことかっていうね。そっちが勝手に決めたルールだろというだけのことですよ。フジテレビには『人間の証明』の放映権を四億円で売りました。石田《いしだ》達郎《たつろう》という当時の副社長が『フジは今どん底なので、放映権を買いたい』とやって来た。では一緒に組んでフジを盛り上げましょう。盛り上げるけれど、放映権は高いよと。『野性の証明』も前もって四億円で売りましたよ」

『野性の証明』のテレビ放送決定は、劇場公開前に大々的に発表されたため、一部の映画館は不満を表明。当時の朝日新聞（一九七八年十月十一日）から引用しよう。

・東京のある映画館支配人「常識を破ったやり方だ。封切を前に『この映画は一年ちょっとたてばテレビで放送します』とやられては……」

・フジテレビ「テンポの早い時代、三年も待っていられぬ作品もある」

・角川春樹「話題づくり、ということで契約に踏み切った」

放映権を媒介《ばいかい》にして春樹と組むことで、フジテレビは角川映画の方法論を吸収していったのだ。

「当時ニッポン放送の副社長だった鹿内春雄《しかないはるお》が、フジテレビの副社長になってから〝角川方式〟でやろうよということで始めたんでしょう。百％影響を与えていますね」

八〇年代初めから始まるフジテレビの黄金期。国民的映画となった『南極物語』で知られるように、フジテレビは映画製作に力を入れていく。それは、自局の番組を使って大規模な宣伝を繰り広げ、映画をイベント化していくことで大ヒットを確実なものとする手法だった。ルーツはまさに、角川春樹のメディアミックス以外の何ものでもない。

＊　＊　＊

『日本の詩集』の失敗で降格された春樹が一線復帰した二十七歳の頃、売上十八億円で経常利益五千万円の会社は、春樹が三十五歳のこの年に、売上百三十億円で経常利益二十五億円に成長。『人間の証明』劇場プログラムに寄せた春樹の言葉を引用しておこう。

映画を創《つく》ることは、本を売るためのひとつの戦略だった。経営者の一人として、今でも本質的に変わらない。だけど、映画を創る人々との出逢《であ》いは、ぼくの進む方向を変えてしまった。映画の魔力にとりつかれた人々が、今日も、どこかで撮り続けている。

（略）ぼくは何をしにこの世に生まれてきたのだろう。

一ヵ月半にわたるニューヨーク・ロケが終った時、主演者の一人ジョージ・ケネディが一枚のスチールをぼくに手渡した。彼のポートレイトには、彼らしい言葉が書かれていた。「オールウェイズ・マイ・ベスト（常に全力を尽くす）」

生きている限り、戦いが終ることはない。

映画製作の魅惑。冷徹なプロデューサーは一瞬、感傷的な一面を覗かせたかと思うと、かぶりを振ってさらなる前進を決意する。角川春樹の存在証明は、狂気を抱いてひたすら真剣勝負を挑み続けることだった。

Scene 4

天才の発掘

現代人へのアンチテーゼ『野性の証明』

薬師《やくし》丸《まる》ひろ子が〝元アイドルにして大女優〟を戯画的に演じ、社会現象にまでなった朝ドラ『あまちゃん』の感想を問うと、「ちらりと観《み》たけども」と言って春樹は話を変えた。

「木《き》皿《ざら》泉《いずみ》さん脚本の舞台、『ハルナガニ』を観たんですよ」

芥川賞作家藤野《ふじの》千夜《ちや》の『君のいた日々』を原作とする、薬師丸ひろ子主演の家族劇だ。

「こんなに背丈が小さかったのかと。だけどやはり存在感がある。彼女がもう五十歳を超えたと聞くとびっくりだね。何しろ出会った時は十三歳で、私は三十代半ば。歳月の酷薄さを思うと同時に、凄《すご》いなあと。未《いま》だにしっかりと存在し、仕事をしていることに対して。歳《とし》を取るとつまらない女優になるケースも多いけれど、彼女は違う」

角川映画第三弾『野性の証明』で春樹は、稀有《けう》な才能を発掘した。

＊　　＊　　＊

『野性の証明』の製作は一九七七年十二月二十六日に公表された。意外にも、原作森村誠一、監督佐藤純彌、撮影姫田眞左久、音楽大野雄二らメインスタッフは『人間の証明』と同じ顔ぶれ。配給は前作の東映に、独立系の日本ヘラルド映画を加えた。

メディアが角川映画の躍進を語る際の常套句《じょうとうく》は、「内容よりも宣伝の力」だった。『野性の証明』製作にあたって春樹は、冷ややかな視線を十二分に考慮し、「作品に見合った宣伝費があり、製作費も宣伝費もいくらになるかまだわからない」「これまでは数字に挑戦してきたが、今度は質で勝負する」と発言している。佐藤純彌は、自著『シネマ遁走曲《とんそう》』（青土社）にこんな文章を残している。

角川映画に浴びせられた激しい非難に、「悪貨は良貨を駆逐する」、「角川映画の物量作戦が、良質の小品を消滅させてしまう」というのがある。角川映画の方式が、日本映画を活性化させるものだと考えて、角川映画の第二作（人間の証明）、第三作（野性の証明）の監督を引き受けた僕もまた、映画界の裏切者呼ばわりされた苦い思い出がある。

春樹が、前作同様の布陣を組んだのは、信じて託した人材の実力を改めて証明したいという意欲の表れとも解釈できる。

『犬神家の一族』と『人間の証明』が母の愛をテーマとしたのに対して、春樹は敬愛する『七人の侍』と『ゴッドファーザー』を例に挙げ、「男性の中に潜む野性の復権と暴力をテーマとし、質の高い娯楽映画」を目指すことを高らかに宣言した。

森村誠一の原作はどんな物語だったのか。舞台は東北地方の寒村。自衛隊が極秘裡《ごくひり》に行う特殊工作隊の訓練の最中、隊員のひとり味沢岳史は大量虐殺事件に出くわす。渦中の少女・長井頼子の命を守るべく、味沢は、凶行に及ぶ犯人を殺害。だが、その犯人は少女の父親だった。除隊した味沢は、ショックで記憶を失った頼子を引き取り一市民として暮らし始めるが、やがてある事件に巻き込まれたことをきっかけに、彼の身に巨大な闇《やみ》の力が迫り来る。自らの暴力によって不幸に陥れてしまった少女への想《おも》い。身に付けた暴力を捨て、人間性の回復を図ろうとした男の野性が呼び覚まされていく。

春樹が『犬神家の一族』を皮切りとする映画製作への参入を決意したのは、邪馬台国へのルートを検証する「野性号」での船旅の途上だったが、『野性の証明』製作の決断もまた船の中だ。一九七七年初夏。アウトリッガー式古代帆船カヌー「野性号Ⅱ」で南洋を航海中のことだった。

「本来私は同じ作家の作品を連続して作ることはないんですが、この作品だけはやろうと思ったんですね。心に決めたのは、ルソン島のアパリからバシー海峡を経て与那国島《よなぐに》、那覇《なは》をたどり、鹿児島まで二千五百キロの黒潮の流れの中。日本人のルーツ、日本文化の源流を探る旅でした」

春樹が抱き続ける文化的な問題意識と、初期の春樹プロデュース映画のテーマは一致している。去勢されてしまったような現代人の中に眠れる本能や野性。日本人とは何かを、春樹は繰り返し問いかけた。

「私自身が持っているものの本質はそこなんだなあと。言語というものは一番古い文化の象徴です。三島由紀夫《みしまゆきお》さんは、文字の発明以降が文化であり、文化の保護者として皇室があると考えた。そうした捉《とら》え方はもちろんあるけれど、もっとそれ以前の、日本人としての原型というものがある。それを知ろうとしたら全く違う世界が拡がるはずです。人間の持っている本質的な問題ですよ」

映画づくりは本を売るための戦略と公言していたこともあってか、春樹の作家性はイベント性の陰に隠れがちだ。しかし、まぎれもなく『野性の証明』は、彼自身の表現意欲をそそる格好の題材だった。

「エンターテインメントは種明かしをする必要などないですから。原作を大きく改変したラストにしても、ただ単に壮大に見せるためだけではないですよ。この映画には、頼子を背負って荒野で独り立ち向かう男の姿が、どうしても欲しかった」

春樹にとって、作品テーマと観客に訴求するプロモーション的な仕掛けは表裏一体だったと言っていい。

「薬師丸博子」という女優の原石

主人公味沢役は、高倉健をおいて他にはいない。名優高倉健の歩みは、一九七六年に東映を退社しフリー転向からまもなく、前述したように『人間の証明』キャスティングの際に角川映画とクロスしている。高倉自身が乗り気だったにもかかわらず、春樹が起用を却下したため、今回の交渉はスムーズではなかった。

しかし、本作の成否の鍵《かぎ》は、主人公以上に野性によって庇護《ひご》される少女役が握っている。春樹はそう考えた。原作設定上は十歳の小学生。頼子自身も同時代に失われた野性の煌《きら》めきであり、記憶をなくした代わりに不思議な予知能力が備わっている。脚本を担当した高田宏治《たかだこうじ》はこう捉えている（「キネマ旬報」一九七八年十月上旬号）。

人間は皆、ある程度自分を殺して生きているわけだけど、必ず己《おの》れの心の中にある、ユートピアとか、自分の世界を求めているわけで、そういうものを頼子という異能力を持つ少女の中に仮託したこの近未来のドラマで、現代の人間の有様《ありよう》といったものを象徴的に語れないものだろうか。
（略）聖母でありメフィストでもあるんですね。人間の対極する両面の姿を一つの姿に融合させているタイプです。そしてこの物語は、セックスを無視した状況での、味沢と頼子の昇華された純粋な愛のドラマ、だと僕は思うんです。

年末の製作公表時、この少女役は一般公募することが告知された。年が明けて一九七八年一月四日の朝日新聞には、角川書店が翻訳権を獲得した『スター・ウォーズ』のノベライゼーション刊行と『野性の証明』映画化を伝える全段広告の一角に、こんな文字が躍っている。

●主役＝長井頼子役募集（十歳〜十三歳迄の女子）
●オーディションと発表＝二月二十八日（火）
●締切＝二月十八日（土）
★詳細は角川春樹事務所　長井頼子役　係迄電話でお問い合わせください。

ここで知る人ぞ知る舞台裏を明かしておこう。一般的には、彗星《すいせい》の如《ごと》く現れた少女が激戦をかいくぐって長井頼子役を手に入れたと思われているに違いない。それは決して間違いではない。が、春樹がスターの原石に初めて出会ったのは、オーディション当日ではなかった。

「実は応募してくる前に、彼女はあるプロダクションに所属していたんです。仮の形でね。要するに歩いているところをあるカメラマンに写され、会社に形だけ入って、そこから応募して来たわけです。しかしそのプロダクションは、彼女と契約には至っていなかった。応募して手応《ごた》え《て》があれば契約しようとしていたんでしょう。私の方で、オーディション前に縁を切ってもらったんですよ」

本人の意志のあずかり知らぬところで、スターは不意に誕生する。異彩を放つ応募写真を一目見た春樹は「この子だ！」と閃《ひらめ》き、事前に会うことにした。そればかりではない。身長百五十三センチメートルの中学一年生、本名「薬師丸博子」をスタジオに連れ出し、写真撮影も行っている。

「今どきこんなキリっとした目つきの娘がいるんだなと。神秘的だと思いました。頼子役は綺《き》麗《れい》なだけの娘じゃダメでしょう。ちょうどその頃、主演男優は決まっていない段階でしたが、文庫本のカバーを作ることになった。ラストシーンのイメージは、すでに私の中で出来上がっていたので、ジャパン・アクション・クラブの屈強な男に迷彩服を着せ、薬師丸を背負わせて撮ったんです。その写真をイラストにしてカバーや広告に使ったんだね。腹の中ではもう、誰が何と言おうと彼女で行こうと決めていましたよ」

薬師丸を思わせるあのイラストの少女は、〝オーディション前に〟彼女をスタジオ撮りした写真を基にイラスト化したものだったのだ。

意中の少女を発見しても、オーディションは映画の宣伝効果も兼ね、予定通り行われた。会場になった銀座ヤマハホールには、マスコミ関係者ばかりでなく一般客も入れ込み、野性号Ⅱ航海の全貌《ぜんぼう》を記録した『野性号の航海　翔べ　怪鳥モアのように』の完成披露試写会を、しっかりと同時開催している。ドキュメンタリー映画もカウントするなら、本当の角川映画第三弾はこの作品になる。

「『野性号の航海』の興行は史上最低の入りでしたよ。自分だけをもてなすための映画でしたから。なんか文句あんのかって（笑）。製作には五千万円掛かりましたが、映画は思い入れだけじゃ出来ないことを思い知る、いい経験にはなりました」

では、プロデューサーが合格者を決めていながらも開催された公開オーディションは、どのように進行したのか。応募総数千二百二十四人。最終選考に残ったのは九人。選考委員は、森村誠一、佐藤純彌、姫田眞左久、東映プロデューサー坂上順、作家つかこうへい、キネ旬編集長黒井和男《くろいかずお》、野性時代編集長渡辺寛、そして春樹。審査内容は、軽い演技テストと歌と面接。薬師丸博子は、岩崎宏美《いわさきひろみ》の『思秋期』を歌った。姫田キャメラマンは『姫田眞左久のパン棒人生』（ダゲレオ出版）の中でこう綴《つづ》る。

（略）頭のいい子でね。オーディションのとき、僕は子供たちみんなに、よく役者に聞くようなことを質問したんですよ。「あんたの顔、どっちから撮るのがいいの？」とか。そうするとこっちがいいとかあっちがいいとか言うでしょ。ところが薬師丸ひろ子はそうは言わない。「まだ分かりません」というようなことを言ったと思いますよ。

春樹によれば、薬師丸は選考委員とこんなやりとりもしている。

「確か、つかが『ピンク・レディーの真似《まね》は出来ますか?』と訊《き》いたんだね。するときっぱり『嫌です』の一言で終わり。やっぱりこの子は絶対獲《と》ろうと思いましたよ」

つかこうへいはエッセイ集『つか版・男の冠婚葬祭入門』(角川文庫)に、何としても選考結果を〝薬師丸優勝〟へ導きたい、春樹の裏工作を臨場感たっぷりに書き残している。

残念なことに彼女は本命ではなかった。

「だれかが殺しにくる」という殺戮《さつりく》を予感する台詞《せりふ》を吐く少女役という作品の性質からいって無理のないことであった。

私は途中、角川氏から廊下の暗がりに呼ばれ耳打ちされた。

「森村さんは、原作にぴったりのオカルティックな自閉症タイプのA君という女の子を推すはずだ。そして佐藤さんもその子を推すだろう。オレもこの映画に関してはそう思う。が、オレは将来のスターをつくらなきゃならん。それには薬師丸だ」

そして、角川氏は悲しそうに目を伏せ、あの自閉症タイプの女の子を主役に抜擢《ばってき》しても、この一作限りだろう。それはその子の将来においてかえって不幸になる、ということを言われた。

　私は言った。

「プロデューサーはあなただから、薬師丸にすればいいじゃありませんか」

「いや、そうはいかん、これは監督がつくるもんだ」

「でも一次選考会じゃ、森村さんも佐藤さんも薬師丸を悪くは言ってないですよ」

「が、薬師丸には一つネックがある。むろん、目の前で一家が惨殺され、失語症になるにはかわいらしすぎる、森村さんはこう言うだろう」

　たしかに薬師丸さんのかわいらしさは一般的なもので森村氏の意図した文脈にはあわない。

「そのうえ、もっと致命的なことがある」

「どういうことです」

「クライマックスで高倉健が、自衛隊の戦車に追いかけられて逃げ回るシーンがある。が、薬師丸は身体《からだ》がでかすぎて高倉健が背負って走り回れない。大木をしょって走るみたいになって絵にならない」

「あっ、そうか」

　なるほど薬師丸さんは中学生にしては背が高い。しょって走られて絵になる構図は考えられない。

「監督の佐藤さんも、そこをつくだろう。が、オレは将来のことを思う。いまのところ薬師丸を推すのは、オレと渡辺だ。君が、薬師丸に手をあげてくれれば三対三になる、頼む」

二次の選考会でも角川氏は現場でメガホンをとる佐藤氏のことを慮《おもんぱか》り、何度も薬師丸さんのことをあきらめかけた。決まったのは記者発表予定を二時間も過ぎてからであった。


実にドラマティックに描写されているが、こうした切実な根回しは本当に行われたのか。

「本当です。誰が反対票を投ずるかも含めて計算済みで、佐藤さん以外の審査員に全《すべ》て根回ししましたよ」

つかこうへいが「自閉症タイプのA」と綴った女性は、三輪里香《みわりか》。結果的に準優勝という形で、翌年毎日放送で製作されたテレビ版『野性の証明』の頼子役でデビューを飾るが、八〇年代半ばに芸能界を退いている。

「あの子を佐藤さんは推していたんです。原作のイメージに近いしね。これはマズいなと思いました」

なぜ監督に根回ししなかったのか。

「そこまで根回しできっこない。彼は映像作家ですから。佐藤さんと一時間以上にわたって揉《も》めたんです。記者を待たせておいたまま。佐藤さんは『小学生の役なのに十三歳の薬師丸ではイメージが沸かない。角川さん、これはない！』と。私も最後は啖呵《たんか》を切って、あなたのイメージに合おうが合うまいが関係ない、決めるのはプロデューサーの俺だ、あなたじゃない！

と言い切りました」

監督に敬意を払って、根回しという手法を採らなかったことが、かえって仇《あだ》になってしまった。真っ向勝負の果て、強権発動。結果は周知の通りだ。クランクイン後、薬師丸博子の芸名は「薬師丸ひろ子」となった。『薬師丸ひろ子　愛蔵版写真集フォトメモワール』（富士見書房）にオーディションを振り返る本人のモノローグが残されている。

（略）やっぱり、わりとはっきり覚えてますね、この日の出来事は。おおげさにいえば、この日を境に、天と地がひっくりかえったからかな。受かりたいなんていう気が全然なくって、通知が来て、これでおしまいだから……なんて、のんきに会場に行ったでしょう。ほかの人はみんなうまかったし、名前を呼ばれたときは、〝まさか、まさか……〟と。

案の定スポーツ紙や雑誌の『野性の証明』に関する記事は、薬師丸一色に染まっていく。少女をめぐる「プロデューサーvs監督」の熾烈《しれつ》なバトルには後日談がある。

「金沢ロケの現場に行ってみると、佐藤さんがいきなり『角川さん申し訳なかった。あなたにお詫《わ》びしなきゃいけない』と言う。何事かと思えば、『薬師丸は天才です』と。彼もここまでの天才的な少女には出会ったことがなかったんでしょうね。ただ、配給会社の宣伝部は彼女に相当手こずったらしく、天才子役だった美空《みそら》ひばり以来の〝美空からす〟だなんて言うスタッフもいたね（笑）」

薬師丸は角川春樹事務所に所属することになり、やがて角川映画の在りようさえも変容させる存在となっていく。

「まずはこの映画が当たってから、今後どうするか話し合おうと。もしかしたら彼女は二度と女優をやらないのかもしれない、とも思っていました。私の中で彼女は、黒澤明《くろさわあきら》の『隠し砦の三悪人』で姫君に抜擢《ばってき》され、すぐに女優をやめてしまった上原美佐《うえはらみさ》のイメージでしたから」

高倉健と純金の不動明王

オーディションのひと月後、帝国ホテルでの製作発表会見で、「主演高倉健」がアナウンスされた。この時間差は戦略的なものだったのか。

「いや、説得に時間が掛かったんです。『人間の証明』の一件があったから、会うまでも慎重でしたし、なかなか首を縦に振らない。ダメだったら渡哲也《わたりてつや》で行こうと思っていました。実は夏八木勲《なつやぎいさお》がやった準主役ともいえる刑事役を、渡哲也に振ったんです。主役が健さんに決まったから二人でやらないかと。二枚看板にしてね。本人はやりたがったけれど、自分だけでは決められないと。やはり健さんと並べば脇《わき》になるという事務所側の判断があったんでしょうね」

実現していれば、新人女優を挟んで、東映の任侠《にんきょう》路線と実録路線を牽引《けんいん》してきた二大アクシヨンスター競演も話題を喚起したことだろう。

前年に大ヒットした『八甲田山』の主演俳優と世間の耳目を集める天才少女の組み合わせ。バイオレンスにアクション、スペクタクル、そして感動的要素。フックは満載だ。

「ハリウッドの〝ビフテキ〟に対抗してもさすがに勝てないと思ってました。だから私は〝幕の内弁当〟で戦おうと。肉も魚も、何でも入っている。観客の嗜好《しこう》を満たそうと思えばそうなりますよ」

とはいえ、この幕の内弁当の中の「肉」は、当時の観客にビフテキ同等のインパクトを与えた。原作にないラスト二十分では、自衛隊がハングライダーやヘリ、戦車までも繰り出して味沢を追い詰める。設定上は東北だが、このクライマックスのため四億八千万円を掛けて真夏のアメリカ・ロケを敢行している。

「当時はカリフォルニア州にお金を払わないといけなかった。主に米軍の演習地キャンプ・ロバーツで撮りました。日本の自衛隊は映画に一切協力してくれなかったんです。そんな前例がなかったからでしょうね」

特殊工作隊員役二十一名はクランクインの三ヵ月前から伊豆《いず》や松本で合宿を張り、撮影隊に先行してグリーンベレー教官の指導の下、実弾射撃訓練も実施。押し寄せる自衛隊員二百名はただのエキストラではない。

「正確には二百十名以上になりましたが、全員オーディション。習志野《ならしの》空挺隊に体験入隊もさせました。出来たばかりの成田空港からチャーター便で行くわけですよ。アメリカ・ロケ十日間でギャラは一人十万円払いました。相当選抜したんですが、それでも日射病になる奴もいた。熱すぎて草も枯れる砂漠みたいな土地で、気温は四十度越えてましたから」

姫田キャメラマンの回想はこうだ（『姫田眞左久のパン棒人生』）。

（略）高倉健が最後に薬師丸ひろ子を連れて、ヘリコプターや戦車に追われて逃げ回るシーンがあるでしょ、あそこはコロラドで撮ったんですよ。標高が高くてね。慣れないうちは息がハアハアしちゃって、スタッフも何人か倒れたんですよ。

（略）ヘリコプターには松方弘樹《まつかたひろき》が乗っていて機関銃で撃ってくる。で、トロッコで逃げてトンネルに入るでしょ。そのトンネルに入るまではコロラドで、そのあとは静岡の寸又峡《すまたきょう》で撮ったんですよ。それはうまくつながった。バンバン撃ってくるところとカットバックしたわけですよ。

日本映画離れした破格のスケールと作品テーマは、レイモンド・チャンドラーの小説から引用した〈男はタフでなければ生きられない。優しくなければ生きている資格がない〉に〈NEVER GIVE UP〉を組み合わせた雄々《おお》しいキャッチコピーに集約された。

「今にしてみれば古臭い話だけれども、まだそういう空気が残っていたね、大人の男たちに」

町田《まちだ》義人《よしと》が歌う映画主題歌『戦士の休息』（作曲大野雄二／作詞山川啓介《やまかわけいすけ》）に乗せた予告編やテレビCMの冒頭の方が印象に残った者も多い。それは、暗がりで顔を上げこちらを見つめる薬師丸ひろ子のアップに「お父さん、怖いよ。何か来るよ。大勢でお父さんを殺しに来るよ」という彼女のセリフが被《かぶ》さる映像。撮影中の高倉健による「どうやらこの映画は彼女に食われてしまいそう」という言葉はあながち冗談ともいえない。ポスターには、ベテランスターや戦車さえも凌《しの》ぐサイズで、新人女優の顔が大きくあしらわれた。

ところで、日本ヘラルド映画を配給に加えた意図は何だったのか。

「邦画会社の宣伝部ではなく、洋画系宣伝部と仕事をしてみたいと思ったんですよ。買い付けてきて売れるポイントを見出《みいだ》し独自の宣伝をするわけでしょ。そういうスタッフはまた違うんじゃないかと思ったんですが、手法はさほど変わらなかった」

難しいとされる欧州の名作群も当ててきたヘラルドは、『エマニエル夫人』を大ヒットさせ黄金期を迎えていた。中心人物だった原正人は、『映画プロデューサーが語る　ヒットの哲学』（日経BP社）の中で角川映画について複雑な思いを明かす。

（略）時代の匂《にお》いをかぎわけながら、ムードを作り出していくという僕のやりかたが完全に壁にぶつかったと思った時がありました。角川映画の出現です。

（略）角川映画は宣伝キャンペーンの一つのピーク、完成形を示しました。それを見た時に、一宣伝マンが、あるいは一配給会社が独自に世の中を騒がせることはもう難しいというふうに悟ったのです。映画の宣伝はメディアカが左右するような時代になり、今までのやり方では太刀打ちできなくなってきたことを感じていたのです。

もはや角川映画は、旧来の体制に風穴を開ける異分子ではなく、日本映画界に必要不可欠な一大勢力になっていた。原正人が指摘するその「功罪」に、春樹は表情を曇らせた。

「単に物量だけではなく、センスの問題でもあったわけです。それに各映画会社がテレビスポットを打ち、宣伝にお金をかけるのは常識化したわけでしょう。原さんが一時代を築いたことは間違いないけれど、『野性の証明』でもう洋画宣伝から学ぶことはないんだなと感じました」

資料によれば、製作費十二億円に対し、配給収入は二十一億五千万円。

「もっといってませんか？　『人間の証明』ほどではなかったけれど」

角川サイドだけで前売券を四十万枚も捌《さば》いた春樹としては、爆発的に当たる手応えを感じていたのだ。「ラストの肥大」「物語の破綻《はたん》」などの批判が興行の伸びに影響したのかもしれない。

それでもこの年、アニメ映画『さらば宇宙戦艦ヤマト　愛の戦士たち』を押さえ、第三弾にして角川映画は初の邦画配収一位の座を獲得。高倉健はこんな言葉を残した（「キネマ旬報　一九七八年十月上旬号」）。

これだけの大型プロジェクトであり、その主役を演じるとあって、何かプレッシャーみたいな、不安みたいなものは感じましたね。それと撮影が終わってみて、いま感じるのですが、これからも失敗しないで続けていってほしいということです。もちろん、ただ、金をかけたり、大宣伝をすることだけがいいことだとは思わないですけど、すべてものが、非常に小さくなっていく中で、夢を大きくふくらませてくれる可能性を持っていると思うんです。僕らはやっぱり、たくましく映画を作り続ける人がいてほしいですからね。

角川映画へというよりも、春樹個人へ向けたメッセージと読み取れる。だが、春樹の受けとめ方は手厳しい。

「格好つけですよ。彼はずっと〈高倉健〉を演じなきゃいけなかった。その後の角川映画には出ていません。イメージの凝り固まった人だから合う役がなかなかなかった。ユーモラスな役をやらせたかったなあ。高倉さんは相手役に物を贈るという趣味があったんです。これもそう」

そう言って春樹は、両手を首の後ろに回し、ネックレスを外した。

「これは私に贈ってくれた御守りです。純金の不動明王ですよ」

表は、荒ぶるお不動様。裏には、角川書店のロゴマークである鳳凰《ほうおう》と春樹の名、血液型が彫られている。

「全部彼がやってくれた。彼自身の信仰から来ているようですね。『人間の証明』を断った後、成田山新勝寺《しんしょうじ》でばったり会ったことがある。キャンペーンにほとんど参加しない人だったのに『野性の証明』では何ヵ所にも来てくれました。御守りは初日舞台挨拶《あいさつ》の後に頂いたんです」

高倉健は、怒りの化身に春樹を重ね合わせたのだろうか。辛辣《しんらつ》な高倉評を口にしながらも、春樹は肌身離さず今も不動明王を身に付けている。

三年続けて秋の大作を手掛けてきたが、新たな局面を迎えようとしていた。ビフテキに対抗する世界市場を視野に入れた企画をスタートさせつつ、春樹は量産体制に入っていく。

Scene 5 乱世の冒険

雇われプロデューサーでの武者修行

七〇年代が終わろうとしていた。大衆に対置する言葉「分衆」が造られるのは八〇年代半ばだが、それは、七〇年代末に現れたメディアやカルチャーの浸透によってもたらされた。初代ウォークマンが若者のライフスタイルに革命を起こし、PC－八〇〇一の登場によってマイコンはパソコンに変わり、携帯電話の前身である自動車電話サービスが始まって、若者がインベーダーゲームに夢中になった一九七九年。この年春樹は、翌八〇年公開の超大作『復活の日』の製作を進めながら、五本の映画を世に送り出した。一月に横溝正史原作『悪魔が来りて笛を吹く』、四月に高木彬光《たかぎあきみつ》原作『白昼の死角』、七月に横溝正史原作『金田一耕助の冒険』、八月に大藪春彦《おおやぶはるひこ》原作『蘇《よみが》える金狼《きんろう》』、十二月に半村良《はんむらりょう》原作『戦国自衛隊』を公開している。

角川春樹が旧勢力を翻弄《ほんろう》し、あるいは共闘することで生み出した七九年の作品群は、世の中を突き動かす反逆の「個」を愛《め》で、「未来」を先取りする意志に満ちていた。法の死角と盲点を突く頭脳犯罪で社会を攪乱《かくらん》する『白昼の死角』。昼間は平凡なサラリーマンが夜になれば巨大資本の乗っ取りを企む一匹狼《おおかみ》へと変貌《へんぼう》する『蘇える金狼』。古き体制の前に突如現れた先進的な勢力『戦国自衛隊』。それらまさに、春樹率いる角川映画のブランド・イメージと重なる作品群だ。

＊　＊　＊

ただし製作形態は変わりつつあった。『悪魔が来りて笛を吹く』と『白昼の死角』は東映製作の作品だが、春樹は〝雇われプロデューサー〟として関《かか》わることになったのだ。

「東映の岡田茂社長から頼まれたんです。これまでの恩返しにもなるし、外に出てやってみようかと。依頼された時点では、何を作るか、作品も作家も全く決まっていなかった」

春樹はこの頃、好んで「乱世」という言葉を使っている。観客の嗜好《しこう》が読みにくくなり、時代劇ややくざ映画で一世を風靡《ふうび》した東映というメジャーにも、変革の波が押し寄せていた。岡田茂はこんな言葉を残している（文化通信社編著『映画界のドン　岡田茂の活動屋人生』ヤマハミュージックメディア）。

（略）それが企業内であろうと社外の独立プロデューサーであろうと配給・宣伝が組んで興行力ある作品をつくってゆく、映画界はこれからその動きをさらに色濃くしてゆくでしょうね。これはプログラム・システムを何十年と続けて来た東映にとっては大転換なんだな。

（略）映画界の流れを見てごらんなさい。アメリカと同《お》んなじ流れをみせている、ハリウッドの解体、そしてまたハリウッドの再興――メジャーは自主製作を極力少なくして、才能ある独立プロデューサーと組むことで、今日の隆盛をつかみとっていますわね。日本でも大量生産時代の大勢のスタッフを抱えて、遊ばして、儲《もう》からん映画を撮るほどの余裕はもうどこにもないんですよ。だから、自主製作はこれぞという大作にしぼって、また、独立プロデューサーのつくる作品を配給することで、有利な生きる道を切り開く他はないんですよ。

結局、独立プロデューサー、大いに頑張ってくれと、われわれは配給機能、興行機能、宣伝機能、あんた方の持たんものを持っている。そのふたつが組んで客をウーンと集めようじゃないか、こういうユナイト方式の形がだんだんハッキリ出てくると思いますね。

岡田に見初められた春樹は、「正月第二弾という気楽さ」があったとするものの、「損をさせまい」と誠実かつ慎重に企画を練っている。

「製作費は全額東映だけれども、私の仕事はそれまでの角川映画でやってきたことと同じ。原作を決め、キャスティングをし、宣伝戦略も決める。ただし製作費や宣伝費の枠は、向こうが決めることです」

渾身《こんしん》の力を込め、年一本ずつ製作してきた『犬神家の一族』『人間の証明』『野性の証明』とは全く製作規模が違う。『悪魔が来りて笛を吹く』と『白昼の死角』は、いわゆるプログラム・ピクチャーである。

「初めは金田一シリーズをやろうとは思っていなかった。私にとっては二番煎《せん》じになりますから。しかし興行的な安全パイを考えると、やはり横溝作品は外せないなと。それに、西田敏行《にしだとしゆき》サイドから是非映画に出たいという強いオファーがあった。会ってみて、こういう金田一耕助像もありかなと思い始めたんです」

『悪魔が来りて笛を吹く』では、『俺たちの旅』など日本テレビの青春ドラマを撮っていた日活出身の監督、斎藤光正《さいとうこうせい》に白羽の矢を立てた。

「光正さんはすでに劇場映画も撮っていましたが、毎日放送製作のドラマ版『獄門島』の視聴率がよかった。巨匠でも何でもなく、テレビで光った存在という感じでしたね」

実績ある市川崑や佐藤純彌に大作を委《ゆだ》ねるという流れとは異なり、監督を発掘し未知の可能性に賭《か》ける方法論は、八〇年代角川映画に顕著になる潮流の先駆けともいえよう。

原作者横溝正史がテレビＣＭに出て、〈この恐ろしい物語だけは映画にしたくなかった〉と語る『悪魔が来りて笛を吹く』のキャッチコピーは、否定型の宣伝手法だ。仕掛人春樹は、自ら巻き起こしたブームに対し批評的精神をもって臨んでいる。

『白昼の死角』の宣伝にも原作者を担ぎ出した。「横溝正史、森村誠一、そして第三の男、高木彬光」というコピーの下、作家たちを獄中に入れ、WANTEDと銘打つ。七九年当時、角川文庫の高木彬光作品五十点の総部数は二千万部に達していた。

「台風で北海道からなかなか戻れない日に分厚い長編を読み始め、東京に戻るまで一晩眠れませんでした。インパクトが強くて。それをきっかけに、高木さんの本を角川文庫に収録するようになったんです。ピカレスクロマン、悪漢小説としてこれほど面白いものを読んだことがなかった。悪党でありながら魅力的。光《ひかり》クラブ事件に基づいていますからね」

この事件には説明が必要だろう。終戦から間もない一九四八年、東大生が中心となって金融会社「光クラブ」を設立。画期的な広告展開を行い、高配当を約束して出資者を募り、巨額を集めることに成功。中小企業などに高金利で貸し付け、短期間で成長を遂げるが、物価統制令違反の容疑で検挙される。たちまち顧客の信用を失い、光クラブは破綻《はたん》し、首謀者は自殺した――。ここには、肉体性というテーマはない。対照的ともいえる知能による挑戦だ。

「そう、肉体じゃない。検事霧島三郎シリーズのカラーとも違うし、高木作品の中でも異色作。主演に夏八木勲を大抜擢《だいばってき》しました。置かれたシチュエーションをちゃんと読み込んでくる役者です。完全に役にのめり込んでいた。彼の出演作として一番いいと思っているほどですよ」

監督は村川透。フランス・ロケまで敢行し、『犬神家の一族』よりも前に、初めてキャメラを回した角川映画でありながら、製作中止の憂き目をみた『オイディプスの刃』でメガホンを執っていた監督だ。

「あの一件があって、申し訳ないという思いが強かった。やはり彼は、なかなかの作品を作りましたよね」

村川透は、劇場プログラムに掲載されたインタビューでこう語る。

〈悪党とは〉むしろ、世の中からはみ出た人間、ですね。いまの状況にとても不満なひとが、結局社会からはみ出てしまって、法律というものがあるとそれにひっかかって犯罪という汚名を着せられたりするわけです。〈悪〉というのは人間そのものの存在をかけた情念みたいなもの、生きている存在の根源みたいなものだと思うんですね
〈略〉永遠の〈青春〉に賭けてほくそえむ主人公の悪魔性に強く心ひかれるんですよ

宣伝コピーは〈狼は生きろ、豚は死ね！〉。一九六〇年に上演された石原慎太《いしはらしんた》郎《ろう》の戯曲のタイトル「狼生きろ豚は死ね」に触発されている。六〇年安保世代への挑発めいた言葉から政治的ニュアンスが消え去って、ハードボイルドな響きだけが時代に突き刺さった。

「パクってキャッチにしたんですよ。結構インパクトを与えた。石原慎太郎が元ネタだと気づく人はほとんどいなかった。時代が時代ですから」

音楽はダウン・タウン・ブギウギ・バンドの宇崎竜童《うざきりゅうどう》。テレビCMでは、主題歌「欲望の街」のサビが繰り返し流された。

「七五年の野性号で、朝鮮半島の西海岸から東海岸に入った途端、日本のラジオ放送が明瞭《めいりょう》に聞こえてきた。いきなり『港のヨーコ・ヨコハマ・ヨコスカ』が流れてきたんですよ。そんな運命的な体験もあって、宇崎で行ってみようと。アウトロー的な匂《にお》いが作品にマッチすると思ってね」

ところで、春樹にプロデュースを任せた二作に、東映はどの程度の予算を投じたのか。

「『悪魔』と『白昼』は、両方とも製作費は二億以下ですよ」

資料によれば配収は、『悪魔』が七億三千万円、『白昼』は六億一千万円。主演俳優に西田敏行と夏八木勲を起用した冒険に対し、厳しい興行的現実を知る結果となった。

「不満な結果に終わりましたが、知名度がなかった。特に、夏八木君を主演に起用するなど誰も考えなかった頃ですから。彼は見事に演じてくれた。後年あの作品に関しては、『素晴らしかった』『影響を受けた』と言ってくれる人によく会います」

徳間×西崎との異例のコラボレーション

引き続き村川透を起用し、松田優作が主演する『蘇える金狼』の宣伝告知のため、『白昼の死角』公開直後の四月十六日に帝国ホテルで記者会見を開いている。このとき登壇した顔ぶれが実に濃い。原作者の大藪春彦を中心に、春樹ばかりでなく、徳間《とくま》康快《やすよし》と西崎義展《にしざきよしのぶ》が同席したのだ。

会見主旨は、大藪春彦の三作品を三年間で製作公開するという企画発表だった。すでに大藪作品を新書版で六十二冊刊行していた徳間書店と文庫本で二十冊刊行した角川書店の二社が、異例中の異例ともいえる提携関係を結び、書店フェアも共同展開しようという試みだ。「男子なら一度はくぐり抜ける青春の門」と大藪作品を評した春樹は、『蘇える金狼』と『傭兵たちの挽歌《ばんか》』を製作。徳間康快率いる徳間書店と西崎義展のオフィスアカデミーは、『汚れた英雄』を共同製作すると発表された。

大映を傘下に収め、すでに映画作りに乗り出していた徳間と、アニメーション『宇宙戦艦ヤマト』劇場版の大ヒットで財を築いて時の人となっていた西崎。三大プロデューサー共同会見の発言を、当時の新聞（「東京タイムズ」一九七九年四月十七日）から引用しよう。

・徳間康快「大藪さんの作品の映画化の声は多かったが、大変映画化しにくくなかなか実現出来なかった。しかし、角川、西崎両氏もぜひやりたい、ということでようやく実現することになった。私は五十代、西崎さんは四十代、角川さんは三十代。それぞれの知恵を集めて強力な運動を展開していきたい」

・角川春樹「映画会社というところは表でケンカしていても、ウラで握手しているようなところがある。しかし出版社はそういうことはない。常にライバル同士、足をひっぱるのがうまい。徳間さんとも仲が悪かったが、今回はどの作品も成功させなければいけないので、本も本屋さんに徳間書店の新書判、角川書店の文庫本を一ヵ所に置いたり、映画の宣伝、本の宣伝などにも常に両社の名前を入れるなど、緊密な連けいプレーをしていく」

・西崎義展「大藪さんの作品には、自分の目的、欲望を強い意志で実現していく人間が描かれているが、私がひかれるのはそんなところだ。〝宇宙戦艦ヤマト〟では私の初恋体験などを盛り込んで製作したが、今回もスケールの大きい、私のニオイのする作品を作りたい」

この異色すぎるシェイクハンドを、〝呉越同舟《ごえつどうしゅう》〟と表現してしまうのは言い過ぎか。

「まあ、西崎は評判悪かったですね。ただ、お互いにデビューして間もなかった。『汚れた英雄』に目を付けていたという徳間さんが音頭を取って、三社で盛り上げていこうということで始まったわけですよ」

新書と文庫の違いはあれ、徳間としては勢いに乗る角川と組むことへの懸念はなかったのだろうか。

「大藪さんに対する徳間さんの思い入れは強かった。あるとき、大藪さん、徳間さんらとメシを食ったんですよ。西崎はいなかった。徳間さんが私の前で、大藪さんの本を角川文庫がさらっていくというような主旨の批判的な発言を始めたんです。すると大藪さんが徳間さんに噛《か》み付いた。『徳間は新書を全然売ってくれなかったじゃないか!』『文庫は角川に全部渡す』と。大藪さんは気が弱いので酔った勢いで言うんですけども。徳間さんは反論できなかった」

それから程なくして、世紀の一大コラボレーションは幻と化した。理由は仲間割れではない。

「西崎は映画製作から離れていってしまうし、徳間さんは大映の経営自体がダメになっていった。共同企画は断ち消えになって、結局私だけが『蘇える金狼』『野獣死すべし』、そして『汚れた英雄』を映画化していくことになるんです」

『白昼』以上に『金狼』は、村川透の個性がより発揮される作品となった。前年、テレビの「大都会」シリーズで出会った優作とのコンビは、東映セントラルフィルム作品『最も危険な遊戯』『殺人遊戯』を経て、さらに強固なものになっていた。暴力性と惚《とぼ》けた表情という優作の魅力を倍加させた二面性は、村川演出の下で開花したと言っていい。

映画界の異端児・大林宣彦との出会い

『蘇える金狼』は地方では二本立て興行だった。抱き合わせ作品は、すでに都心で公開されていた『金田一耕助の冒険』。二本で配収約十億四千万円という発表は、後者のリアルな数字を伏せる意味合いもあったのだろう。このカルト作品は、あまりに冒険的で、むしろ暴挙と言っても過言ではなく、あえて非難を浴びるために作ったかのような前代未聞のパロディ映画だった。

角川映画は巨額をかけて話題作を作り、宣伝で煽《あお》って観客動員もするが、肝心の作品に中身はなく、観客の信用をなくす――。巷《ちまた》で流布するそんな悪評を逆手に取り、自ら角川映画をパロディの対象にして、とことん自虐的に笑い倒そうというとんでもない企画だったのだ。春樹のオファーを受け、「大愚匠と呼ばれるつもりで大ひんしゅく映画を作る」と参戦した監督は、CMディレクター出身の鬼才大林宣彦《おおばやしのぶひこ》。

では、大林は如何《いか》にして劇場映画監督デビューを飾っていたのか。ある日大林は、東宝から映画を撮らないかと話を持ちかけられ、企画を出すとすぐに通ったが、なかなか製作にGOが出ない。その企画が、東宝副社長をして「こんな無内容な脚本は初めて読んだ」と言わしめた『HOUSE／ハウス』だ。夏休みに少女たちが古屋敷で体験するファンタスティックでコミカルなそのホラー映画を現実のものとするために、大林は、四時間生放送ラジオドラマ化や、マンガ化、ノベライゼーション化、主題歌制作という外堀を固める果敢なプロデュース術を展開。その立ち回りが奏功し、東宝に決断を促すことになり、メガホンを執るに至る。それは、ビジュアル世代の感性を刺激する革命的な作品に仕上がった。

「映像の魔術師と言われていたのは知っていましたよ。『HOUSE／ハウス』は観《み》ていた。東宝というメジャーに乗り込んで作ったあの映画は、非常に面白かったけれども、評論家筋に無視されてね。新しい映画作りのために、ぜひ組みたい今までにない才能だと思っていました」

大林は『A MOVIE・大林宣彦』（芳賀書店）の中で、春樹と出会うまでの経緯をこう語る。

映画をよりジャーナリスティックに捉《とら》えるというやり方で、映画業界に進出しつつあった青年がいて、彼、角川春樹氏は、僕のやり方に非常に興味と共感を持ったわけです。僕は「HOUSE・ハウス」のイラスト入りで、〈製作・監督／大林宣彦〉と刷り込んだ、カラー版の大きな名刺を作って、PRのために一年半使っていたんですが、ある時、その名刺を、角川氏が手にして〝へえ、日本の映画界にも、こんな面白いことをやっている人がいるのか。これはオレがやろうとしていることと同じだ〟と思ったそうなんです。

（略）ある人が〝そこまで、気になるなら、一度、大林さんと組んでみたら〟と言ったら、〝いや、一本の映画に、スターはひとりでいい〟と言ったという、角川氏なりの名言があったんです（笑）。角川氏は、最初に、単なる監督としてではなく、むしろ僕のジャーナリスティックな感覚に注目したわけで、それが結局〝スターは、ひとりでいい〟という発言につながったのでしょう。

春樹にとって、大林というスターが必要になった映画こそ、この『金田一耕助の冒険』だった。

「『ＨＯＵＳＥ／ハウス』とは全然違うものを目指したんです。原作の『金田一耕助の冒険』は、元々売れている本ではなかった。だったらもう、ハチャメチャでいこうと」

それまでの角川映画に出演した俳優たちが皆、セルフパロディを演じ、テレビ版「横溝正史シリーズ」で金田一を演じていた古谷一行が、下駄《げた》にローラーを付けたローラースケートで滑りまくる。その中で春樹は、角川春樹自身を演じた。ジュラルミンのトランクいっぱいに金を詰めて横溝正史の邸宅を訪ね、春樹は「先生、原作料です」とトランクごと手渡す。それを開けた横溝は、小道具の札束を摑《つか》んだかと思うと、なんと「中身が薄いですね」とのたまうのだ。こうしたネタのほとんどは、大林のアイデアだった。

春樹は面白がったのに、担当プロデューサーが「それだけは勘弁してくれ」とし、さすがにカットされたシーンがあるという。いじめっ子に「お前のお父さん、どこの会社に勤めてるんだ?」と聞かれ、春樹に似た少年が「角川文庫」と答える。するといじめっ子は、口の両端に指を入れて外側へ引っ張りながら、「カドカワウンコ」と言い直し、少年がわんわん泣き出すという場面だった。

次のステップへ踏み出す上で、『金田一耕助の冒険』という映画は、非難のすべてをギャグにすることで自らを対象化し、過去の汚名をそそぐ役割を果たしていたかのようだ。

ところでこの映画は、あと二人の重要な人材を起用している。

「つかこうへいをダイアローグライターとして起用しました。言葉のセンスがまるで違った。映画のシナリオライターに比べてね。長ゼリフの場面など、いかにもつからしい。それ以降、私自身が、映画のシナリオにどんどん手を入れていくようになるきっかけにもなりました」

アメリカ映画では珍しくないダイアローグライターという職種だが、日本では脚本家が職域を侵させまいとして成立していなかった。春樹の発案によって、セリフにテンポを与え、より現代的な感覚に満ちたものにするため、若者風俗を採り入れることに長《た》けた劇作家つかこうへいが起用されることになったのだ。

また、タイトルバックのアニメーションに、和田誠《わだまこと》のイラストを起用している。和田は、毎日新聞に連載された横溝正史作『真説　金田一耕助』の挿絵《さしえ》を描《か》いていた。

「文庫の『金田一耕助の冒険』だけ装丁を新しくして、和田さんに描いてもらうことにしたんです。その流れで、和田さんのイラスト・キャラクターの金田一をそのまま動かしてタイトルバックに使いたいと考え、私からお願いしました」

その後、つかこうへいは『蒲田行進曲』を皮切りに、『二代目はクリスチャン』『幕末純情伝』の原作や脚本で仕事を共にする。和田誠に対しては、映画への造詣《ぞうけい》の深さに一目置くばかりでなく、彼の映像的センスも見抜いていた。やがて『麻雀放浪記』の監督を委ねられた和田は、数ある角川映画の中でも屈指の名作を生み出すことになる。

ここで、大林宣彦が自伝『ぼくの映画人生』（実業之日本社）の中で明かした、あまり表には見せなかった春樹の素顔を紹介しておこう。


（略）角川さんを、ぼくが非常にバランス感覚のある人だなあと感心したのは、

「ぼくはいま、本屋のおやじ（出版社の社長）です。本屋のおやじが、映画が好きだから映画をつくっていますと言ったら、全国の本屋に対する裏切り行為でしょう。だから、ぼくが世間に対して言える言葉は、本を売るために映画をつくるんですとしか言えない。そのことによってぼくはどんなに誤解されているかもしれないし、ひょっとすると映画嫌いが映画をつくって、本を売って儲けようとしているとしか思われていないかもしれないけれども、まかり間違ってもぼくは映画が好きで映画をつくっているとは言えない立場にある人間です」

　という話を聞いたときでした。

「お主《ぬし》できるな」と、つまりぼくがいちばん好きな我慢の美学です。自分がみっともなく見えても、自分のその世界の入り方に対しての筋を通す。この人はいいロマンチシズムを持っているという共感がぼくにあって、この人とはつき合ってみようと思ったのです。


　この発言の真偽について確認してみると、こんな答えが返ってきた。

「確かに言いました。最後まで私は、映画業界の人間だとは思っていなかったですから。まず

出版社の人間であるということを意識し、そこから出発しないと自分は何もできない。それを根っこにもっていないと、何を作っても〝ただの映画〟になってしまうと思っていたんですよね」

その後大林宣彦は、『ねらわれた学園』『時をかける少女』で角川映画アイドル路線を確立し、『少年ケニヤ』『天国にいちばん近い島』『彼のオートバイ、彼女の島』と、計六本に及ぶ角川映画を手掛ける看板監督になっていく。日本映画史を汚す〝大愚作〟ではあったものの、この映画は春樹にとって、殊の外、重要な出会いの場となったのだ。

初の正月映画は異色SF『戦国自衛隊』

『復活の日』製作に注力していた角川春樹事務所は、独立系プロダクションと提携して映画製作するという新たな道を模索していた。『金田一耕助の冒険』と『戦国自衛隊』の現場を実質的に取り仕切ったのは、三船プロダクションだ。

角川映画にとって初のSFとなった『戦国自衛隊』は、初の正月映画にもなった。映画プロデューサーになったからには、一度は挑みたい悲願の興行シーズンだった。

「初めのうちは、小屋の閑散期である秋の興行しかあてがわれなかったですから。客が一番入る正月に掛けたいという思いは当然ありました」

半村良という作家に目を付けたのはいつ頃だったのか。

「私が社長になるよりも前ですよ。『石の血脈』という長編をハヤカワから出した頃からですね。後に角川文庫に入れました。そして大型新人登場と話題になった『黄金伝説』があった。その後、うちで文芸誌を出すことになったとき、最初に彼の名前を出したんです。だから『野性時代』のトップバッターは半村良さんですよ。SFというよりも伝奇ロマンの作家ですよね。とにかく映画人にはない発想でした。何より『戦国自衛隊』の映画化は、『バック・トゥ・ザ・フューチャー』や『フィラデルフィア・エクスペリメント』なんかよりも四〜五年前。先陣を切ることになったわけでしょう。映像化したら、途轍《とてつ》もなく面白いものになるという確信はありましたのでね」

半村良が『戦国自衛隊』の劇場プログラムに寄せた、本作構想にまつわる文章を引用しよう。

私は誰でもが見そうな夢、叶《かな》えられる筈《はず》もないけれど叶って欲しい願望を発見することに努めており、それを発見するとすぐに小説にしてしまう。その夢や願望が普遍性を持っていればいる程、ほかの誰かが書いてしまいそうな気がして、追われるように一気に書きあげてしまうのだ。

（略）だから私は、最新鋭の装備を持った仲間を戦国動乱の時代に送り込んだのである。少なくとも私のイメージの中で甲冑《かっちゅう》と戦車はよく似合っていた。

こうして生まれた原作は、まさに視覚的な作品だった。演習中の自衛隊一個小隊が、戦車・ヘリ・哨戒艇《しょうかいてい》もろとも時空の歪《ゆが》みによって四百年前の戦国時代にタイムスリップしてしまう。千葉真一《ちばしんいち》が扮《ふん》する自衛隊隊長が出会ったのは、夏八木勲が演じるのちの上杉謙信《うえすぎけんしん》だ。

「監督は斎藤光正さん、脚本は鎌田敏夫《かまたとしお》さんを起用しました。これまでのような時代劇ではあり得ない。テレビの青春ドラマでよく組んでいたふたりの感性に託しました」

斎藤光正は、一筋縄ではいかない本作の演出意図についてこう語る（『戦国自衛隊』劇場プログラム）。

（略）映像独自の魅力で、不可思議な世界（戦国と現代）をどう結びつけて、感性で描きるか。武田信玄《たけだしんげん》や勝頼《かつより》の死にっぷりは、勿論《もちろん》、史実とはちがう。映画の方がフィクションの凄味《すごみ》を発揮させて、デタラメである。だが、映像の世界の中で息づく者にとって、現代の人間も、四百年前の人間も、青春は同じだった……。

奇想天外な夢多き青春を力一杯描いてみた。奇想天外さを自らの中に多く持つ人間ほど、青春なのだから……。

兵器面での主役は、やはり六一式戦車になる。今ならば自衛隊はパブリシティと考えて、一個小隊ごと貸し出すかもしれないが、当時はそんな広報窓口すらなく協力不可。結局、春樹は戦車を作ることにする。

資料によれば、制作スタッフ十人、組立て要員十五人を投入し、制作期間二ヵ月半、九〇ミリ戦車砲の付いた鉄の要塞《ようさい》を、八千万円かけて作り上げたという。

「この金額はたぶん嘘《うそ》ですね。本当は三千万くらいだと思う（笑）。あとで持て余して、『ぼくらの七日間戦争』の中に、もう一回登場させたりもしましたよ」

さらに本作で特筆すべきは、アクション演出においてである。

「日本初でしたね。アクション監督というセクションをきちんと立てたのは。立ち回りを振り付ける殺陣師《たてし》はいても、もっと大掛かりなイメージの活劇場面を設計する人間となるといなかった。ＪＡＣ、ジャパン・アクション・クラブを率いる千葉真一がやらせてほしいと言うので、長年アクションスターとして走ってきた彼を信頼して任せましたよ」

ヘリから吊《つる》されたロープや縄梯子《なわばしご》を使った危険なアクションには、目を見張るものがあった。もちろん千葉も夏八木も、スタントなしで体を張って取り組んでいる。

音楽監督を買って出たのは、春樹だった。『戦国自衛隊』主題歌と銘打たれたレコードは、ワーナー・パイオニア、キャニオン、コロムビアの三社から発売されている。

「青春群像劇としては、音楽面にウエイトを置こうと。結局、異なるイメージの曲を七曲出させたわけですよ。メイン・テーマをどれにするかは決めかねていました」

テレビCMに使われていたのは、松村《まつむら》とおるが「♪サン・ゴーズ・ダウン」と歌う哀愁も漂うメロディだったが、映画を観始めると流れてくるどれもが主題歌に思えてくる。

「そうそう。乱暴に片っぱしから音楽を入れ、どれもレコードにして出したわけですから」

その他、高橋研《たかはしけん》、井上堯之《いのうえたかゆき》、ジョー山中ら計四人のミュージシャンが競演するジョイント・コンサートさながらの構成になった。

「これは『アメリカン・グラフィティ』の発想だったんです。あの映画の青春期の在りようを、SFでありながら時代劇でもあるこの映画の日本の風土に溶かし込んでみたわけです」

ルーカスの『アメ・グラ』に流れたのはオールディーズばかりだったが、全曲オリジナルの新曲で挑むという贅沢《ぜいたく》な試みが実に春樹らしい。

配収は約十三億五千万円。正月映画としては、『007　ムーンレイカー』に及ばなかったものの、『マッドマックス』を押さえる成績。

「しかしながら、思ったより当たらなかったので、ショックが大きかった。日本映画では一番入ったんですがね、正月映画としては。私の記憶では十四億いっているはずなんですが。製作費は五億くらいかな」

ルーカスとスピルバーグという新世代によって切り拓かれたSFは、当時の映画マーケットにとって最も旬なジャンルだった。本来スパイアクションであるはずの「007シリーズ」さえ宇宙に飛び出すほど、空想とスペシャルエフェクトは若者たちに訴求していた。『戦国自衛隊』という日本ならではのＳＦ的素材にもかかわらず、なぜ沸点に達しなかったのか。問題点の究明は、次作となる『復活の日』におけるマーケティングにとっても重要な課題のはずだった。

『戦国自衛隊』公開直後、春樹は南極へと向かう。海外で長期ロケを続けていた『復活の日』の撮影に立ち会うためだった。春樹は、南極海を航行中の耐氷客船リンドブラッド・エクスプローラー号に乗り込んだ。そして七〇年代最後のクリスマス・イブを迎える。

「ちょうどそのとき、私はラウンジで深作欣二たちと麻雀《マージャン》をやっていたんですよ」

現地時間午前十一時五十五分。大勢のスタッフ・キャストを乗せたリンドブラッド号の船底からガリガリと不気味な摩擦音が聞えたかと思うと、船体を衝撃が突き抜けた――。

Scene 6

南極の神変

悲願の終末SF超大作『復活の日』

映画のプロデュースを手掛けるよりも前に、春樹が最初に〝夢想〟した作品とは何だったか。横溝正史作品でもなければ森村誠一作品でもない。

「洋画のノベライゼーションの権利を次々と獲得していた頃のことです。ヘラルドの試写室で、脚本家ダルトン・トランボが自ら監督も務めた『ジョニーは戦場へ行った』を観《み》たんです。終映後、ヘラルドの原正人さんと話をした。そのとき『角川さん、映画をプロデュースしませんか』と誘われたのを覚えています。その後ヘラルドが大ヒットさせることになる『エマニエル夫人』のイブ・ルッセ＝ルアールというフランス人プロデューサーが、私と同年代ということもあって、『日本映画界にも若い血が必要だ』と声を掛けてくれた。そこで私は、『実は一つだけ映画化したい作品がある』と答えています。それは、小松左京《こまつさきょう》さんの『復活の日』でした」

＊　＊　＊

一九七三年三月に出版された小松左京の『日本沈没』上下巻は大ベストセラーとなり、東宝が即座に映画化を決め、年末に公開し大ヒットを記録。いつの日か、映画製作を手掛ける野望を胸に秘めていた春樹は、洋高邦低が叫ばれる日本映画界を変えるためには、ハリウッドに拮《きっ》抗《こう》しうるスケール感とテーマ性をもった作品が必要だとし、小松左京作品が相応《ふさわ》しいと考えていた。

『復活の日』は、生物兵器生成過程で発生した新型ウイルスが人類を死滅させる物語だ。早川書房が〈日本ＳＦシリーズ〉と銘打って同書を出版したのは、東京オリンピック開催直前の一九六四年晩夏。その翌年、春樹は角川書店に入社している。

「最初に小松さんにお会いした時、『復活の日』と『果しなき流れの果に』の文庫化の件を相談しました」

小松左京はその様子を、単行本・新版『復活の日』（角川書店）のあとがきに記している。

> （略）まだ白面の「青年重役」だった角川春樹氏が、ある日旋風《せんぷう》の如《ごと》く私の前にあらわれ、ぜひこの作品を文庫に、と例の熱っぽい調子で申しこまれた時は、いささか面くらった。春樹氏

の、この作品に対する入れ込み方が尋常でない事はすぐわかったが、しかし、私にしてみれば、十年ちかい昔の、三十代前半に書いた旧作が、若々しい出版界の旋風児の心をひきつけた、という事は、うれしくもあったが面映《おもは》ゆくもあった。当時、私はひそかに自分でさだめていたSFの第一期目標は、一応達成できたものとして、次のステップを模索中だったたし、照れも手つだって、ほかの短篇《たんぺん》類をすすめたが、春樹氏の執念はすごかった。——行く行くは、この作品を映画にしたい……と彼は熱意をこめていったが、私は、この作品の映画化は無理だろう、あの作品は、もともと「絶対に映画にならない——あるいは極度に映画化のむずかしい大がかりな〝イメージ〟を、文章で表現する事」をねらったのだから、と否定的な見解をのべておいた。

核戦争による破滅テーマの先例はあっても、バイオテクノロジーという先端科学をモチーフとする本格的な破滅SFは稀有《けう》だった。春樹が、それほどまでに『復活の日』に惹《ひ》きつけられたのはなぜだったのか。

「すでにその頃から終末思想は拡《ひろ》がっていましたからね。その要因が、天変地異なのか、核なのか、細菌なのかは別にして。そんな時代背景の中にあって、私も幼児期に戦争を体験していますので、果たして人類はこのまま続いていくだろうかという疑問を感じていました。南極だけがノアの方舟《はこぶね》のようになって、わずかな人類が生き残る。そういう近未来の話をやってみたいなと。まだエイズが登場する前の時代でしたが、これまでにないウイルスによって人類が滅びる可能性はありうると思ったんです。かつて黒死病と呼ばれたペストが、ヨーロッパの人口の三割を滅ぼした実例があるようにね」

しかし絶望のまま終わるわけではない。「復活」にこそ意味がある。『犬神家の一族』製作時に春樹は、「都市化が進めば進むほど、反比例して人間の精神だけは土着化してくる」と語ったが、一度は失われたものが再生するというキーワードは通底している。『復活の日』とは、人間性の復活であり、民族の復活であり、あるいはまた、神が復活することを見据えた壮大なストーリーだ。

「私はこの作品を作ることができれば、映画作りは辞めてもいいと。それくらいの想《おも》いがありました」

春樹は一九七六年に映画製作に乗り出すが、『復活の日』映画化へ向けた企画開発は、公開六年前の一九七四年から始まっていた。

「最初にやったのは、原作全文の英訳。芭蕉《ばしょう》の句や萩原朔太郎《はぎわらさくたろう》の詩などを翻訳していたトーマス・エリオットに依頼しました。私が二十代の頃に『日本美術全集』の海外版を作ったときからの付き合いで、どうやら彼はＣＩＡの下部組織の人間だったようです。日本語が完璧《かんぺき》でしたね。それからロング・シノプシスを作った」

英訳の目的は外国人監督の起用にあった。候補に挙げたのは、『ブラック・サンデー』のジョン・フランケンハイマーや『カサンドラ・クロス』のジョルジ・パン・コスマトス。当時大ヒットしたパニック・サスペンス映画の名監督たちだ。

「監督としてふさわしい人物だと考え、『やりませんか』という意味でシノプシスを送っています」

だが、そうたやすくは読んでくれない。そこで、二十五枚のストーリーボードを用意する。起用したイラストレーターは、生頼範義《おおらいのりよし》。七〇年代後半になってジョージ・ルーカスの目に留まり、『スター・ウォーズ／帝国の逆襲』の公式ポスターを手掛けたことで広くその名が知られるが、書籍の装画・挿絵の世界で生頼の実力を知らぬ者はいなかった。

早川書房が一九七二年にハードカバー版で出した『復活の日』の表紙も生頼範義の作品だ。小松左京をして「この人は本当に日本人か？」と言わしめたイメージ画は、角川文庫版の表紙にもなったばかりでなく、映画そのものの世界観に対し多大な影響を与えたと言えるだろう。

「それでも映画化の話に乗ってくる者はいない。それが現実でした」

監督が誰になろうとも、興行の海外展開を視野に入れ、外国人の手で脚本化も行った。『カプリコン・1』のドラフトを書いたフランク・ノーウッドに依頼している。

「最終的には高田宏治というシナリオライターが加わりましたが、ベースはアメリカ人シナリオライターでないといけないと。一直線に進むサスペンスに仕上がりました。困ったのは移動手段。原作執筆時点では、南極へ行くには船しかなかったけれど、『今の時代しかも近未来の設定なら、飛行機で行けば何てことはないよ』と言われてね。テーマが欠落してしまわぬよう二転三転しました」

やがて監督は深作欣二に決定する。インタビュー集『映画監督　深作欣二』（ワイズ出版）から引用しよう。

角川氏が『柳生一族の陰謀』に公家《くげ》の役で特別出演したんです。そのときにSFをやってみたいんだという話をした覚えがある。『スター・ウォーズ』などに火をつけられてましたからね。それで角川氏も乗っかってきて、乱暴にも実際に飛び込んじゃった。

一九七八年一月公開の『柳生一族の陰謀』撮影中ということは、全米で『スター・ウォーズ』熱が冷めやらず、深作欣二もまだ『宇宙からのメッセージ』を手掛ける前だ。春樹は深作発言を一部訂正する。

「公家の役じゃないですよ（笑）。武将の役でした。なぜ私を出したのかというと、きっかけは、幻になった『いつかギラギラする日』を深作さんで撮ろうとしていたからね。それ以来の付き合いです。『柳生一族の陰謀』出演のお返しに、『人間の証明』の警察官役で深作さんに出てもらい、エールの交換をしましたよ」

『仁義なき戦い』シリーズという実録路線の群像劇で一世を風靡《ふうび》した深作を起用した意図は何か。春樹は、本作を純然たるSFとは捉《とら》えていない。

「ジャンルとしてはSFに入れられるでしょうが、この作品の魅力はあくまでも人間ドラマです」

現代においては尚《なお》のこと、ここで描かれる脅威は絵空事ではない。脚本では、原作にはないDNA操作の過程でウイルスが発生するという時事的要素を加味して科学的リアリティを高め、さらに南極で生き残った八百六十三人が人間の存在意義を問い直す重厚なドラマが強調された。深作はこう語る（『復活の日』劇場プログラム）。

この映画は、ジグソーパズルのように、さまざまの人間、さまざまのエピソードが複雑に入り組んで巨大な《人類模様》を形成する構成をとっている。製作の過程で、「今までの映画のようにもっと単純化したら」とか、「場所の飛躍が多すぎるのではないか」とかいう懸念の声も聞かれたが、私はあくまでこの方法に固執した。こういう方法でなければ、「人類はどこへ行くのか」と云《い》うこの壮大なドラマは作り得なかったからだ。

予算は当初十五～二十億円と想定していた。一九七八年冬に、南米、アメリカ、ヨーロッパを九十日間で回ったロケハンに約五千万円がつぎ込まれ、アラスカのウィッティアを皮切りに、トロント、ワシントンDC、ロサンゼルス、マチュピチュ、サンチャゴ、そして南極という経路で撮影を敢行。のべ二百日間、移動距離十四万キロ、撮影フィルム二十五万フィート。最終的に、製作費は膨れ上がり、二十二億円とも二十四億円以上とも言われた。そのうちＴＢＳが八億円を出資。テレビ局が他社の映画に出資するのは初の試みだった。

深作欣二の肝いりで決まったキャメラマンは、木村大作《きむらだいさく》。黒澤明監督作品の撮影助手として頭角を現し、一本立ちしてからは『日本沈没』や『八甲田山』などの大作映画でダイナミックな画を切り取ることに定評があった。木村は共著『誰かが行かねば、道はできない』（キネマ旬報社）の中で裏事情を明かす。

（略）一通り世界を回ってから、ロンドンで角川さんと打ち合わせをすることになったんだ。俺は最初、この映画の予算は二十億円と聞いていたんだけど、角川さんは「二十億円は使えない。十億円でやってくれないか」と言い出してきた。俺はそれを聞いて横向いていたし、深作さんも何も言わなかった。

（略）ロンドンから戻ったら、今度は南極ではなくて北海道で全編撮影できないかという話になった。（略）深作さんに、「南極へ行かないんだったら、俺は降ります」と言いましたよ。深作さんは何も言わなかったけど、東京へ帰ってから角川さんと話し合ったんだろうね。しばらくしたら、「やはり南極へ行く」と。

一時期製作費が半分に縮小され、南極行きも中止になりかけたという証言は本当だろうか。

「そんなことは言いませんよ。大作も話を作るからなあ。ハリウッドスターも含めたオールスターキャストになったので十億という数字はあり得ない。もちろん南極の天候事情から、北海道でも河口湖でも撮ってますよ。日活のセットだって使っていますからね。あの時点では南極に行くか行かないかの問題ではなく、南極で撮影することは可能でも、撮影に必要な潜水艦をどう調達するかが問題だったんです。本当は原子力潜水艦が望ましかったけれども、撮影させてくれない。各国の海軍に交渉した結果、世界で初めて本物の潜水艦を南極に浮かべることを了承してくれたのはカナダとチリでした。最終的にはチリと話をつけたんです」

チリ海軍は潜水艦シンプソンと駆逐艦ピロット・バルドウを有償で提供することになった。南極に至近で、南極大陸に基地も有するチリ。実は春樹には伝手《つて》があった。

「野性号Ⅲの航海で下田からチリまで行っていましたから。カヌーでね。そのとき予備交渉をしているんです。予《あらかじ》めチリというイメージはあった」

南極座礁事故の渦中で

四十日間の南極ロケでは、昭和基地の場面、核装置作動を阻止する海上シーン、主演草刈正雄《くさかりまさお》の氷上アクション、越冬隊員らが南米へ渡る場面などの撮影が行われた。南極だけで三億円を要したというデータもある。

「潜水艦や駆逐艦とは別に客船を用意しなければならない。そこを生活拠点にして撮《と》るわけです。ただチャーターするだけでは採算が合いませんから、一般の人たちが同乗できる南極ツアーをくっつけたんです。バリューツアーという形で極地探検を行う旅行代理店がありました」

その客船はアメリカの耐氷客船リンドブラッド・エクスプローラー号。船籍はスウェーデン、二千五百トン、客室は九十二名分。スタッフとキャスト四十七名の他、百七十～百八十万円のツアーに参加した一般観光客は二十四名。

春樹は『戦国自衛隊』封切直後、ロケもほぼ終わりを迎えようとする南極の撮影現場へと向かった。乗り継いだ駆逐艦ピロット・バルドウに送られ、客船リンドブラッド号に合流する。

その日は、一九七〇年代最後のクリスマス・イブだった。

「パラダイス・ベイという地点で祈禱《きとう》するために、タグボートで立ち寄りました。私は植村直《うえむらなお》己《み》と親しかったんですが、彼は北極点に立ちピッケルで刺して四ヵ国の国旗を掲げた。そこで私は、南極でピッケルを突き刺し日の丸を掲げて祝詞《のりと》をあげました。船を待たせてしまったので、船長も焦ったのか、いつもとは違うコースを通ることになったようです」

それから数時間後の正午間近、リンドブラッド号はガリガリと不快な摩擦音を立てたかと思うと、右舷《うげん》に五度傾いて停《と》まった。座礁《ざしょう》したのだ。船底に数ヵ所の穴が空き、機関部に浸水。水深三～五メートルの岩礁に乗り上げてしまった。

「私はラウンジで深作や社員らと麻雀《マージャン》をやっていたんですよ。ちょうど社員が国士無双をテンパイしているときだった。がらがらと牌《パイ》が崩れてね。すぐに外を観に行った。やったなと。油が浮いていましたから。私がピッケルを刺したのとは逆の形で、岩が船底を突き刺した。でも、何食わぬ顔で麻雀を再開しましたよ。この状況だから誰も国士無双は狙《ねら》わないなと。さっき国士無双をテンパった社員が、たぶん牌を捨てるだろうと。私は字牌が四枚しかないのに国士無双をテンパるんですよね。リーチをかけて一発でロン。勝負はまだ決まらない。そこへバリューツアーの探検隊長が来たんです。『角川さん指揮を執ってくれないか』と。『わかった。でも麻雀が終わってない。待て』と。私が大勝しました。『船長はどうした?』と訊《たず》ねると、『閉じ込めました』と。パニック状態だったようです。足元を見れば浸水している。隊長は乗組員の生殺与奪まで含めた権限を任せると言う。で、私が指揮を執ることになった」

電気系統が一切使えない状態。春樹はまず基地に無線連絡を入れる。繋《つな》がったのはソ連とチリ。近くにいたチリの船は、春樹を送ってきた駆逐艦ピロット・バルドウ。結果的に彼らに救助されるが、流氷が激しく、やって来るまでに日数を要し、チリのプンタ・アレナス港へ全員が移動し終えたのは大晦日《おおみそか》だった。

船では何が起きていたのか。

「救援を呼んだ後、閉じ込めた船長以外全員をラウンジに集めました。『私に指揮を任せるなら拍手をしてくれ。嫌ならNOと言ってくれ』と。拍手が沸かないんですよ。『YESなら全員を救助する!』と啖呵《たんか》を切った。今度は拍手が少し沸きました。NOという者はいなかったね。この男の下なら助かると安心させなければいけない。バーを開放しましたよ。酒は全部タダだと。もう酔っぱらわせて救助を待つしかない（笑）」

だがトラブルは発生する。叛乱者《はんらんしゃ》は身内にいた。木村大作はこうぶちまける（『誰かが行かねば、道はできない』キネマ旬報社）。

リンドブラッド号の船員たちは、自分の船を捨てなくてはいけないからみんな泣いているわけだ。俺だって船に何かあったら、フィルムの缶を持って海に飛び込もうと思っていたぐらいだからね。そんなときに角川春樹さんが、「撮影を続けろ」と言ってきた。（略）全スタッフを甲板に集めて、角川さんが「撮影しろ」と言ったわけ。俺は角川さんと深作さんの間へ割って入って、被《かぶ》っていた野球帽を投げ捨てて「こんなの、やらねえ！」と叫んで船尾のほうへ一人で行っちゃったんだよ。それで船尾でタバコを吸っていたら、全スタッフが一人一人、俺のところへやって来てね。「これで、もし木村さんがクビになって日本へ返されるんでしたら、私も帰ります」と全員が言ってくれた。（略）来なかったのは角川さんだけだね。それでも俺のクビを切れなかったのは、全スタッフがいなくなる危険性があったからだろう。

大自然における身体《からだ》を張った撮影で数々の逸話を残す木村大作イズムからしてみれば、春樹の方針に同調しなかったのは、反発のための反発にも思えるのだが――。

「撮影を続けろと言ったのは事実。態度の悪い大作が、私を怒らせたのも事実。彼がふて腐れていたのも事実です。『おまえ映画人だろ！』と言ってやりました。その後呼びつけて、『俺に喧嘩《けんか》売る気か。じゃあ勝負してやろう』と。こっちは武闘派ですから。そうしたら彼が詫《わ》びたんです。本人が詫びたことを本に書いていないのは彼らしいけど。しかし撮影はちゃんとやった。ああいう男だけど、やはりいい画《え》を撮るんだ」

南極からのSOSは世界を駆け巡り、リンドブラッド号にはメディアも同乗していたこともあって、座礁事故はまるで『復活の日』の巨大な宣伝と化した。事故は角川戦略の一環によるでっち上げかなどと悪意に満ちた言葉も飛び交ったが、全員無事帰還という結果から、「悪運が強い」という指摘も無理からぬこと。

それにしても、祈禱の直後に起きた事故を春樹はどう受けとめたのか。

「嗚呼《ああ》、南極の神が起ち上がったんだなと思いましたね。地震や津波も神がぶるんと震えて起きる。それを明らかに感じたのは、一緒にいた女性が突然普段の三倍の量を飲み食いし始めたことです。これは食べさせられてるなと。パラダイス・ベイという名からして〝天国の湾〟。しかも降誕祭の前夜。出来すぎなくらい全《すべ》てがつながっている。植村直己が北極点で行い、私が南極で行うことによって、地球に玉串《たまぐし》を刺すような状態になった。『復活の日』は地球が救われるための話です。二つの極を突き刺すことで玉串奉奠《ほうてん》を行うような形になったんですね。南極の神はきちんと祀《まつ》られてこなかった。かつてここには人類がいたと感じました。地軸変動で真空パック状態になり、南極大陸に住んでいた人類は滅び、その後誰もお祀りをしてないなと」

つまりあの事故は、春樹の祈禱に応《こた》えた神の祝福の象徴であると——。

「私はそう取っています」

「南極にて船座礁」を詠んだ春樹の句が『句集　カエサルの地』（牧羊社）に残されている。

勇魚《いさな》捕る碧《あお》き氷河に神がゐて

大作路線の終焉を宣言

では、一九八〇年六月二十六日に公開された春樹製作十本目の映画、『復活の日』の評価や興行はどうだったのか。

朝日新聞の映画評は、「映画らしい映画である。角川映画というとある種の先入観を抱かせるが、この作品はどういうわけかその臭みが薄く、その分だけスマートで、悪趣味は影を潜め、洋画を観るような趣き」と認め、テーマ性や雄大なロケ撮影を好意的に捉えながらも、「前半のパニックがやたら大仰」「徹底的にボルテージが高いのがわずらわしい」「細かいドラマづくりがうかがえるのだが、いかにも冗長」と批判を忘れない。こうした辛口評は、多くの観客の声を代弁していたと言えるかもしれない。

東宝社史『東宝75年のあゆみ』は、「強気の千五百円興行で配収二十四億円をあげる好成績となった。ただし製作費に破格の三十二億円（略）をかけて国内だけではペイ出来ず」と記している。

「製作費三十二億って数字は、随分水増しされていると思いますね。いずれにしろ、配収は自分が予想したよりも全然少なかった。それに海外マーケットが成立しませんでした。赤字には変わりない」

深作監督は自嘲《じちょう》気味に、海外展開に関する問題点を指摘している（『映画監督　深作欣二』ワイズ出版）。

まあ、駄目でしたね。何がいちばんネックかというと、作品のキャラクターが商売しにくいということが一つあったわけでしょうけど、やっぱり向こうのネットワークに乗りきれなかった、というか、シャットアウトを食らったということですよね。日本で配収二十四億。二十二億かけて二十四億じゃあね。銀行利子のほうがいい（笑）。

（略）要するにアメリカでは日本映画は売り物にならんということです。向こうの映画的コマーシャリズムの感覚からすれば、まず脚本が全然問題にならん。つまり、ウェットすぎる。そ

ういう意味で突っ込みが浅すぎる。

宿願の超大作で、世界へ打って出る野望を果たせなかったのは何故《なぜ》か。

「さまざまな問題がありました。介在した人間、インチキなブローカーも含めてね。そしてあくまでも日本人の視点で描かれていたという問題。草刈正雄の英語の問題もある。もっとも、向こうでは吹き替えられるわけですが。けれどもそうした問題以前に、ハリウッドは日本映画が進出することを歓迎しなかった。ユダヤ商法の壁です。今でも困難はありますよ。でもあの頃はもっと酷《ひど》かった」

『復活の日』公開直後、春樹は「大作路線は止《や》めてプログラム・ピクチャー路線へ向かう」と発表した。

「自分の夢は一旦《いったん》成立し、これで勝負は終わったんだと。ここから先は、利益を上げる映画作りへシフトしようと考え方を変えたんです。そして、必ずBS放送の時代が来ると思っていましたから、低予算で当てるための映画を作っておいて大作と一緒にパッケージで売っていこうと」

映画館と地上波だけだった時代から、多チャンネル衛星放送の時代を見据え、今で言うコンテンツの量的確保を一九八〇年時点で打ち出したのだ。

「現実に今、BSでもCSで放送されている角川映画は、私が作った作品ばかりじゃないですか。腐らないものを作ったからです。時代を超えて生き続ける作品をね」

この日の取材が終わりに近づくと、春樹は自ら、「初めて超自然現象の話になったわけですが」と切り出した。

＊　＊　＊

「実は座礁よりも前にこんなこともありました。カナダの深作から国際電話が入って、悪天候続きで撮影が出来ないと言う。『嵐《あらし》が止みさえすれば撮れる。角川さん、嵐を止めてくれ』と。次の日私は日活の撮影所に行く予定があって、あそこにはお稲荷《いなり》さんがある。私は『わかった。撮影を待機していてくれ』と自信を持って答えましたよ。そしてお稲荷さんに地球儀を置き、カナダの撮影地点に向かって短剣を振って祈りを込めた。よしっ、大丈夫だと。それから十時間ほど日が沈むまでキャメラを回しっぱなしだったそうです」

とかくメディアは興味本位で取り上げがちなエピソードだが、この機会に春樹が神仏を深く信奉するようになったきっかけを訊《き》いておきたい。

「生死を懸けた野性号Ⅱの航海で、死地を逃れる体験をしてからです。元々日蓮宗《にちれんしゅう》に関係してはいたけれど、信者というほどでもなかった。妄想ではなく現実の体験があって初めて入って行くんですよ。目の前で奇蹟が起きるわけですから。自分自身とは別の存在が、自分を守ってくれているると確信しました。日蓮宗の密教に入っていき、神道《しんとう》を始めれば神主にまでなる。私は何でも中途半端では済ませませんから」

座礁事故から無事帰還を果たしたことも偶然とは捉えていない。

「探検隊長から『お陰でパニックにならなかった。ひとつ間違えればタイタニックと同じ運命になったかもしれない』と言われました。私は全員の無事帰還を懸け、自信を持って指揮を執りましたから。大晦日に皆を各ホテルに泊め、大変迷惑をかけたと謝罪して回ったんですが、『かえって楽しい体験でした』と言ってくれる人が多かった（笑）」

日本ではほとんど報じられていない事実がある。

「その一年後、チリから『ミリタリー・エスメラルダ』という黄金の勲章を受勲しました。日本海海戦でバルチック艦隊を破った東郷平八郎《とうごうへいはちろう》以来七十年ぶり、日本人で二人目。理由は、チリへの野性号の冒険と南極での救出劇で、『角川さんほど海軍軍人に相応しい人はいない』と。この勲章は海軍大将の位に当たる。叙勲式で副大統領から授けられたんですが、彼は海軍中将だったので、私の方がランクは上でしたよ」

＊　　＊　　＊

『復活の日』の興行が伸び悩む夏。独立系のキティ・フィルム製作による小品『翔んだカップル』がティーンの心を捉えていた。ヒロインは、角川春樹事務所から貸し出された薬師丸ひろ子。それは、角川映画が向かうべき路線を示唆《しさ》していた。

Scene 7 偶像の神話

利益を上げる映画作りへシフト

『復活の日』の製作中、不意の出来事が起きた。南極ロケ帰りの足で春樹が向かったのは、東京の有楽座。招待されていた『影武者』のワールドプレミアへと急いだ。資金集めが難航していた黒澤明に、ハリウッドの寵児《ちょうじ》フランシス・フォード・コッポラとジョージ・ルーカスが手を差し伸べることで完成に至った作品だ。この日、上映館ロビーで起きたささやかな事件を目撃した映画関係者は少なくない。入口で客を出迎えていた黒澤に、春樹が祝いの挨拶《あいさつ》をしようと握手の手を差し出したところ、黒澤は完全に無視を決め込んだというのだ。

＊　＊　＊

当時この話を、直接春樹から訊《き》いた大林宣彦監督は、季刊誌「映画芸術」一九九四年冬号にこう記している。

いつもならこんなふうに自分を無視した相手には全身で怒りを表し、それを闘志にも変えていくこの独立独歩の青年映画製作者は、しかしその時ばかりは心から悲しそうな、素直な表情を見せた。「だってそうでしょう。ぼくらは子供の頃から黒澤さんに憧《あこが》れていた。黒澤映画を見て育った。自分もいつかきっとそういう映画を作りたい。その大好きな、憧れのひとが握手を拒んだ。これはぼくにとって大変なショック、悲しいできごとです」。（略）あの〝すれ違い事件〟を起こしたのは、結局は黒澤さんや角川氏個人ではなく、黒澤監督や角川映画を取り巻く、ぼくら〝日本映画〟のありようそのものだったのだ。

それから三十五年後の春樹は、大林の主観である「心から悲しそうな表情」とは打って変わって意気軒昂《けんこう》だった。

「東宝の松岡功さんが、黒澤さんに私を紹介してくれたんです。するとあの人は、何の挨拶もなく傲然《ごうぜん》としている。私と目は合っているのにね。何と無礼な！　と思いましたよ」

タキシード着用のドレスコードにもかかわらず、南極帰りのままの防寒服にアフガンブーツというものものしい姿の春樹に、黒澤は呆然《ぼうぜん》としたのだろうか。いや、深い映画愛を包み隠していた春樹は、映画を文庫本販売のためのツールとして派手な商法で攪乱《かくらん》する異業種プロデューサーとだけ捉《とら》えられていた節がある。黒澤の無視は、春樹への拒否反応の表われだった可能性が高いだろう。当時の映画人の態度としては何ら不思議ではない。大林が言う「日本映画のありよう」とは、因習を打ち破り映画をビジネスとして成立させることに積極的な春樹に対する偏見ではないか。作品至上主義の巨匠ならば尚《なお》のこと、彼を異端視したのも無理はない。

「私は黒澤明をリスペクトしていました。周囲から是非組むようにと勧められることも多かった。しかしあの出来事以降、黒澤映画をプロデュースしたいという想《おも》いは一切なくなった。何が黒澤天皇だと。さらにその夜、『影武者』を観《み》てがっかりして、ますます興味を失いましたね。歴史的な事実描写も疎《おろそ》かで、しかも三分の一は切ることが出来る映画じゃないですか。世界的巨匠は、すでに終わった人だった」

それでも『影武者』は、カンヌ国際映画祭で最高賞パルムドールに輝き、日本における配収は約二十七億円に達して、一九八〇年の国内配収では、約二十四億円の『復活の日』を上回り、一位となった。春樹の悲願『復活の日』は、巨額の製作費に対し利益は芳しくなく、彼は当時こんなネガティブな文章を残している（『試写室の椅子』角川書店）。

映画「復活の日」の公開が終了してしばらく経《た》つと、映画製作に対する情熱が急速に萎《な》えてしまった。それほど、「復活の日」一作に私は賭《か》けていたということだ。だから、その後に創《つく》った三本の映画「野獣死すべし」「刑事珍道中」「スローなブギにしてくれ」も、もう一つ私自身燃えることが出来なかった。結果は、興行成績に見事に反映し、二本立の「野獣死すべし」と「刑事珍道中」は、利益が一億円に満たなかったし、「スローなブギにしてくれ」に至っては、原価回収がやっとという有様だった。二度と映画に対する情熱は戻らないのかと大いに不安にもなった。しかし、本当を言えば、私は何かを待ち続けていたのだ。

春樹が待ち続けていたもの。それは、再び熱くなることが出来る対象であり、ギラギラする日々だったのだろう。だが、まず会社を維持していくため、これまでのビジネスモデルから変えていかなければならない。

「『復活の日』以降は、リスクを背負わず、製作費をあまり掛けないで映画作りに臨もうと考えました。つまり路線変更したわけです。一本立て興行の大作主義ではなく、プログラム・ピクチャーによって利益を上げていこうと。信頼出来る外部制作プロダクションに任せるという手法もその一環。ただしシナリオに関しては、自分が納得出来るまでクランクインしない。編集に関しても私が権利を持つという条件でね」

そして、事務所の専属女優・薬師丸ひろ子を本格的なアイドルとして売り出すべく、大林宣彦に一本撮って欲しいと依頼する。大林は『ぼくの映画人生』（実業之日本社）の中でこう証言している。

（略）「大林さん、『HOUSE／ハウス』をもう一回やりませんか」「電気紙芝居ですね、やりましょう」ということで、ただただ薬師丸ひろ子をアイドルとして育てるというプロジェクトに乗っていくという作品でした。ぼくの唯一の〝アイドル映画〟です。『ねらわれた学園』で薬師丸ひろ子は大タレントになりますが、キャンペーンの最中に行く先々でファンがふえてくる、まさにアイドルが誕生する過程を体験しました。

（略）ぼくはアイドルのお人形さんとして演出して、そのことが彼女をアイドルにしたわけです。

角川文庫から刊行されていた眉村卓《まゆむらたく》原作『ねらわれた学園』は、一九七七年にNHK少年ドラマシリーズとして『未来からの挑戦』の題名で放映された少年少女向けのSF、いわゆるジュブナイルだった。原作は大きく改編され、峰岸徹《みねぎしとおる》が扮《ふん》する学園を支配しようとする金星の魔王子は、なぜか腹部にシュールな巨大な眼《め》を描いており「私は宇宙だ！」と叫ぶなど、光学合成を多用した異色の大林ワールドが大暴走。アイドル映画を超え、カルト色の強いSFホラーファンタジーとなった。

「大林さんのヘンな好みには、私も愕然《がくぜん》としました（笑）。でもアイドル女優としての薬師丸は、あの映画から始まるんです。ただ、薬師丸は大林さんとは気が合わなかった。その後の角川書店のCMも大林さんの演出でしたが、桃太郎の扮装をさせたとき、彼女は気に食わなくてね」

一方、配給を担っていた東宝側の掟破《おきてやぶ》りが発覚し、春樹は怒り心頭に発した。

「東宝の夏休み映画だった『ねらわれた学園』は、東宝製作でたのきんトリオの近藤真彦《こんどうまさひこ》主演作『ブルージーンズメモリー』と二本立て公開でした。東宝は同じ割合で宣伝費を使うと約束しながら、自社作品の比率を七～八割に設定したので、告訴するぞ！　と言ってやりました。たのきんの前作『スニーカーぶる～す』が当たったものだから東宝は勝手に比重を変えてしまったのでしょう。しかし『ねらわれた学園』との二本立ては、薬師丸人気の動員の方が遥《はる》かに多かったし、契約書がありましたから。もちろん東宝側は謝ってきたけれども、本来東宝とやるはずだった薬師丸の次の映画からは、東映と組むことにしたんです」

それが、この年の暮れに公開された日本映画史に残る青春映画の傑作『セーラー服と機関銃』だ。企画したのはキティ・フィルム。彼らは前年、柳沢《やなぎさわ》きみおのマンガを原作とし、薬師丸ひろ子をヒロインに迎えた相米慎二《そうまいしんじ》の初監督作品『翔んだカップル』を制作したスタッフだった。その際キティ側は、まさか春樹が秘蔵っ子・薬師丸を貸し出すはずなどないと考えていた。だが、春樹と親しい東映のプロデューサーを介してコンタクトし、交渉は成立する。それは瑞々《みずみず》しい思春期の瞬間を切り取った小品に仕上がり、配収は五億円弱だったものの、ヨコハマ映画祭の新人監督賞や主演女優賞他に輝くなど作品的評価はすこぶる高かった。

社会現象化した『セーラー服と機関銃』

相米慎二の二作目となる『セーラー服と機関銃』は、相米自ら赤川次郎《あかがわじろう》の原作小説を選び出したものだった。彼らは、再び薬師丸主演で映画化を画策し始める。当時キティ・フィルムのプロデューサーだった伊地智啓《いじちけい》は、『映画の荒野を走れ　プロデューサー始末半世紀』（インスクリプト）の中で経緯を明かしている。

（略）薬師丸については、一応、事務所レベルの話にまずは持ってってたんだけど、角川はけんもほろろでね、「キティ、とんでもない」って話になって。「薬師丸はもう出しません。これからは全部うちでやるから絶対出しません」。それで、今度は相米を使って、「ちょっとひろ子に会って、これ渡して」って言って。で、薬師丸に会いに行ったんだよ。あくまでも内緒だからなって言って、ホンを読ませたらすぐ返事が来た。「ぜひやりたい。私、角川さんに話をしてみます」と。時間が掛かるもんだと思ってたら、案に相違して、角川からはすぐ「やります」って。

薬師丸自身から『セーラー服と機関銃』映画化の話が春樹へ上がったという件について、事実関係を確認してみた。

「いや、そんな話は全然知らない。キティの多賀《たが》社長と伊地智君が話を聞いてくれと言ってきたのは覚えているけれど。彼らは最初全額自社で作ろうとしていたので、それは出来ないよ、薬師丸はもう貸せないよと。『翔んだカップル』は評価していましたよ。相米監督の処女作でありながらアイドル映画とも違う作品になっていてね。その後共同製作でなら、という話になった。製作費は角川とキティで二対一くらいの比率だったかな。けれども、『セーラー服と機関銃』の版元は主婦と生活社でした。うちの場合、原作がないと動けないので、角川文庫からの出版を認めてもらえるかどうか、著者だけではなく出版社と交渉することになったんです。三年間、定価の三%を支払うという形で話をつけました。赤川さんとの約束では、初版百万部からスタートすることにして、彼が光文社から出していた『三毛猫ホームズ』シリーズを全《すべ》てうちの文庫にさせてもらうと」

制作に入ると、春樹が一切口出ししなかったことを伊地智は証言する。ただ一点、主題歌を除いては（『映画の荒野を走れ　プロデューサー始末半世紀』）。


（略）とにかく謙虚であることに驚きました。内容にはタッチしません、製作はキティです。宣伝は角川がやります、任せてください。まこと言葉通りでした。

（略）作る過程、作り手の思いに理解が及ぶ人なんですよ。（略）勝負勘とか、判断力とか、ホンを読み解く力は当たり前だが、要は決定力に優れた人なんだと思いました。

角川さんは、映画に関しては何も言わなくて、主題歌に関しては文句言った。結果的には薬師丸の歌になったでしょ。あれは最初はなかったからね。歌をどうするかっていうときに、来《き》生《す》《ぎ》たかおの歌をキティレコードとしては用意した。最後の最後までその歌をかけてつないでいた。そしたらその歌に関して、「多賀さん、この主題歌は俺が聴いたなかで最低だよ」って角川さんが言ってきたことがあった。

主題歌となった『夢の途中』は当初、キティの所属アーティストであった来生たかお作曲&歌唱、姉の来生えつこ作詞によってのみリリースされる予定だったという。

「薬師丸は打ち上げなどではよく歌を歌っていたし、合唱部だったことも知っていました。以前から歌うことは勧めていました。実を言うと、『野性の証明』の頃からレッスンはさせていたんです。ボイストレーナーにもそれなりの評価をされて。しかし、『ねらわれた学園』のときも歌わせようとしたら、嫌ですと断られたからね。ところが相米から主題歌を歌えと言われ、彼女は吹き込む気になって、まずデモテープを録《と》ってみた。バックがピアノだけの『夢の途中』を。ある日、たまたま対談の仕事で私の事務所を訪ねてきた、作詞家の阿久《あく》悠《ゆう》さんと一緒に聴いたんです。そこで私たちは二人とも、彼女の曲に肉体的に感応してしまった。私は血が下がった。阿久さんは『嫉妬《しっと》を感じ背中がザワザワした。間違いなく五十万枚以上行きます』と言いましたよ」

ともすれば、学校唱歌が似合いそうな薬師丸の歌声と歌唱法が、来生のメロディに絶妙にマッチした。結果的にこの歌は、曲名を変え二バージョン発売されることになる。来生盤は『夢の途中』のままだが、薬師丸盤は、春樹の提案によって映画と同名の『セーラー服と機関銃』とされ、彼女のデビューシングルとなった。

ところで、この映画のクライマックスの撮影中、重大な事故が発生する。薬師丸が機関銃をぶっ放す姿をハイスピードで撮影している最中、弾着によって破壊されたガラスの破片が、ヒロインの左の頬《ほお》に当たって血が流れるというアクシデントだった。現場の責任者であった伊地智は、前述の著書でこう語る（『映画の荒野を走れ　プロデューサー始末半世紀』）。

（略）薬師丸が撮影中ガラスの破片が飛んで頬っぺたが傷ついて（略）それで角川さんにお詫《わ》びに行ったときには、わざわざそのためにおいでいただいたんですかときわめて丁重に迎えられ拍子抜けするんですが、ついでに撮影日数が伸びそうな事情も説明したんだ。今台風も向かってきてますし……と始めた途端でしたね。「あ、台風は私が進路を変えますから心配しないでください」（笑）。この落差だって凄《すご》いです。

「そう、伊地智君から報告を受けました。眼に刺さったわけではないので、大事には至らない。彼女の後ろにいた渡瀬《わたせ》恒彦《つねひこ》が、カットの声が掛かってすぐに応急処置をするよう指示したようです。このシーンのリテイクについて相談も受けましたが、治ってからでないと撮《と》り直せないので、その必要はないと言いましたよ。むしろ私は、ラッシュを観て閃《ひらめ》きました。ロングショットではあったけれど、実際に頬から血が出ているのがわかるし、しかも彼女は『カイ……カン』なんて言っている。よしっ、このシーンをCMに使おう！　と思いましたね。全面的にマイナスをプラスに転じてやろうと」

一生残ると言われた傷も結果的に残らず、問題の瞬間は名場面として記憶されることになる。薬師丸ひろ子という女優に天が味方した。人気は徐々に沸騰していく。ベースには、春樹によって用意周到に企図された「たやすくテレビに出さない」という戦略があった。

「テレビは週刊誌と同じだと。いっときバッと注目度は上がるが、すぐ落ちてしまう。出演させないことによって神話になる。テレビに出せば神話は崩れる。いつでも会える人間、これはスターじゃない。タレントです。タレントと俳優は分けて考えていました。銀幕の中にのみ存在しているのがスターなんです。そして、神話を創らなければ女優の存在はもたないと。普段は学業に専念してもらう。そして製作発表記者会見から、一気にメディア露出を上げていくわけです。薬師丸という素材だからこその戦略でもありました」

八〇年夏の『翔んだカップル』公開後あたりから薬師丸人気は過熱し始め、八一年夏公開の

『ねらわれた学園』のために十六～十八歳の相手役男優を公募したところ、応募総数が一万七千八百六十五人に達する。八一年十一月、年末の『セーラー服と機関銃』公開に向けて新宿駅東口のアルタ前広場で行われた主題歌披露キャンペーンには、一万五千人のファンが詰めかけた。データを比較するなら、アルタ前のファン動員記録では、西城秀樹《さいじょうひでき》の一万三千人を塗り替え、映画キャンペーンとしては、『宇宙戦艦ヤマト』の日本武道館での一万二千人動員をも更新してしまった。

そして前代未聞の「大騒動」が勃発《ぼっぱつ》する。『セーラー服と機関銃』封切二日目、大阪の映画館で薬師丸の舞台挨拶が予定されていた。梅田東映には早朝、徹夜組八百人を含む約六千人が詰めかける。小中高の学生が中心で、女性ファンも多かったという。東映側の用意していた職員とガードマンでは整理しきれず、急きょ所轄の天満《てんま》署が十台のパトカーと装甲車を投入する。駆け付けたのは、警官隊のみならず機動隊一個小隊含む百十名。劇場側が午前七時に開場し、約九百人を劇場内に入れた時点で、入場待ちのファンが入口に向かって押し合いへし合い状態に。扉のガラスは湾曲し、押し倒される者、泣き叫ぶ者、気分が悪くなる者も出て、警察側は「もはや危険」と判断し、第二回以降の上映と舞台挨拶の中止を要請。入場待ちのファンは、最終的に八千人とも一万人とも報じられた。劇場側は角川映画側と話し合い、これを受け入れ、道頓堀《どうとんぼり》東映や大宮東映もこの決定に倣《なら》うことになった。

「大阪の観客はもうムチャクチャでしたよ。東京とは全く文化が違うんですね。東映の支社長から相談を受けました。私が下した判断は、上映中止にするのは構わない、ただし社会部の記者を呼べと。記者会見させせろと言いましたよ。マイナスをプラスに転換するためにね」

午前十一時前、大阪国際空港に到着した薬師丸はショックを受ける。いったん中之島《なかのしま》ロイヤルホテルに入るが、「私の言葉でお詫びをさせてください」と申し出て、「早朝から来ていただいたのに、約束を破ってごめんなさい。ひろ子を許してください」という声をテープに吹き込んで映画館へ届け、劇場の内外へ放送させた。薬師丸ら一行は、新大阪駅から帰京しようとしたが、駅にもファンが詰めかけて列車に乗ることが出来ず、タクシーで名古屋まで行って、ようやく新幹線に乗ったという。薬師丸自身の証言によれば、「その後何年か大阪に出入り禁止になって、訪ねるには警察の許可が必要でした」という嘘《うそ》のような本当の後日談まで付いている。

大阪パニックの直後、春樹は薬師丸の「休業」を発表。この時点で『セーラー服と機関銃』の主題歌はオリコン・ヒットチャート一位、シングル八十四万枚、ＬＰ二十六万枚。春樹は当時、「大学の文学部へ進学したい本人の意向を尊重し、中途半端はやめ、一年半休ませることにした。固定した熱心なファンは休んでも必ずついてきてくれる。薬師丸はそれだけの魅力を持った女優だと確信している」と発言。人気絶頂のままの休業宣言である。薬師丸ひろ子の「アイドル神話」はここに完成する。とはいえ、理由はそれだけではなかったようだ。春樹が述懐する。

「あれほどの国民的人気になってしまうと、誰だっておかしくなりますよ。私は彼女が天狗《てんぐ》になりつつあると感じましたから、それもあって頭を冷やしてもらうために休業させたんです。このとき同時に、そろそろ彼女に代わるスターを創らなければいけないと思い始めました」

製作費一億五千万円の『セーラー服と機関銃』の配収は二十三億円に達した。彼女は、単に仕掛けに乗っかっただけの虚像ではなかった。アイドル然とした装いをまとわず、むしろ日常のセーラー服姿が似合い、寡黙ながらも強い自我を感じさせた。同時代の少年少女にとっては、戸惑いながらもメディアに断続的に登場する少女が、学業と芸能界の狭間《はざま》で揺れながら、「女優」という職業を選び取る覚悟を決めていく現在進行形のドキュメントを目撃する感覚さえあった。

赤川次郎の原作は、そんな薬師丸が出会うべくして出会った物語だ。突如ヤクザの組長として迎え入れられた女子高生が、理不尽な大人たちの社会に向かって怒りをぶちまける。機関銃をぶっ放した挙げ句、「快感」の決めゼリフを漏らすヒロインは、日常から非日常へ足を踏み入れ、自らの宿命を悟って振る舞う薬師丸自身に重なった。

彼女は自ら言い出した条件通り、撮影は春休みと夏休みを基本に、学校がある日は、放課後から最長で朝六時まで行った。映画の中で薬師丸は、様々な試練を課せられる。相米演出特有の三分から六分にも及ぶワンシーン・ワンカット。クレーンで吊《つる》し上げられ生コン漬けにされる責め苦。気温十二度の洞内で五時間半もの間、休憩もなく立ちっぱなしの場面。新宿の歩行者天国で人だかりの中、地下の通風口から吹き上げる風でセーラー服のスカートがめくれ上がる場面での八時間に及ぶリテイク。それでも薬師丸は、反発し涙しながらも相米を慕い、付いていった。

「相米とは気が合ったんだね。自分の内面を引き出してくれて。撮影現場の相米は完全に上から目線で、薬師丸を『こいつ』とか『お前』呼ばわりしていましたが、結構彼女は嬉《うれ》しそうだった。心から信頼していたんでしょうね」

八〇年代の少年少女は幸福だった。アイドル映画といえども個性的な監督たちの手によって、作品性や作家性を有した青春映画を堪能《たんのう》することが出来たのだから。鬼のような指導で薬師丸を追い込んだ相米愼二は、劇場プログラムに懺悔《ざんげ》と感謝に満ちた言葉を寄せている。

（略）ボクの映画でよく使う、ワンシーン、ワンカットは、スタッフや俳優に、長い緊張を強いることになる。主演の彼女は、最初から最後まで、出ずっぱりであり、睡眠時間もままならない毎日を、やり通してもらった。緊張は、楽しさに転化してくれたろうか。

ボクが現場で彼女に要求したことは、大地に足をつけて芝居をする〈薬師丸ひろ子〉であってほしいということだった。なだめ、すかし、怒りながら、無理を要求した。（略）彼女自身も辛かったはずだが、手を抜かないで、やりとげてくれた。ありがとう。

（略）あらゆることを真面目に受けとめ、きちんと大地に足をつけて生きてゆくこと、彼女にはそれを望んでいる。素晴らしい女優としての可能性も、同時にそこにあると確信している。

後年、薬師丸は、二十歳くらいまでに経験したことが軸になっていることを認め、相米演出との出会いの大きさを振り返っている。(『シネアスト　相米慎二』キネマ旬報社)。

(略)この経験で私が培ったもの、感じたものが正しいのかどうかわかりませんが、もし、誰かに「違うんだよ」と言われてもそれが私の基本になってしまっていますね。

(略)相米演出というのは、リハーサルを何度も繰り返しやることによって、本人がどこかで理解しているように見えるまで続けるのだと思います。セリフを上滑りで言うのではなく、とにかく自分の肉体と切り離せなくなるくらいまでやらせることによって、非日常を現実に体得するまで、そう見えるまで、追い詰めていました。

(略)どこかでもう一度相米監督と対峙《たいじ》する、そんな瞬間をずっと追い求めています。ふと気がついた時に相米さんの影を心のどこかで探し続けて、でも探してももう会えるわけもなく……。

薬師丸という女優の原石と出会って演出力を存分に開花させ、八〇~九〇年代の日本映画を牽引《けんいん》した相米慎二は、十三本の作品を残し、二〇〇一年に五十三歳の若さで亡くなった。

一方、大阪パニックからおよそ一週間後、横溝正史が七十九歳の生涯を閉じている。角川映画の出発点であるミステリー作家の死と、軌道修正を図った新機軸であるアイドル映画のピークが重なった。『復活の日』の失意から一年。春樹の一九八一年はこうして終わりを迎えた。

薬師丸ひろ子女優開眼、そして独立

薬師丸ひろ子は学業優先による休業を経て、一九八三年に根岸吉太郎《ねぎしきちたろう》監督作品『探偵物語』と深作欣二監督作品『里見八犬伝』、八四年に森田芳光《もりたよしみつ》監督作品『メイン・テーマ』に主演した後、八四年十二月公開の澤井信一郎《さわいしんいちろう》監督作品『Wの悲劇』によってさらなる演技的飛躍を遂げる。

「澤井さんの作品は、松田聖子《まつだせいこ》主演の『野菊の墓』に感心しました。私の周囲では、和田誠さんが彼の実力を高く評価していたこともあって、ぜひ組んでみたいと。夏樹静子《なつきしずこ》さんの原作は密室殺人事件の話ですが、それをどのように映画化するのか。ミステリーとして撮るのか、人間ドラマで撮るのか。澤井さんは、原作を映画の中で上演される舞台劇にするという二重構造にしてしまい、ひとりの少女が女優になろうとする青春映画に仕上げたんですね。『セーラー服と機関銃』で女優に開眼した薬師丸は、『Wの悲劇』によって完璧《かんぺき》に女優になったという気がします」

澤井監督は『映画の呼吸　澤井信一郎の監督作法』（ワイズ出版）の中で、「確たる主体をもった子」と評価しつつ薬師丸の資質を見抜く。

（略）確たる主体をもった子だと感じた。小難しい演劇論とか演技論じゃなくて、身の回りの一つ一つのことに対しての判断力をきちんともってるという感じがしました。

東映時代に澤井信一郎が師事していたのは、マキノ雅弘《まさひろ》監督。〃日本映画の父〃牧野《まきの》省三《しょうぞう》の息子であり、黎明期《れいめいき》から女優を育て続けてきたマキノ雅弘は、本作の薬師丸ひろ子の演技を絶賛した（劇場プログラム）。

（略）セリフを言ってない間の、パントマイムの芝居をどれだけコナしているかというのが大事なんだけど、それが大変にいい。
（略）アップのシーンでの目の配りとか、事件に巻き込まれてオロオロした感情の出しようなんか、大変にうまいんだな。人間、どうしょうもないというような芝居はなかなか難しくって出来るものではないんだけど、それを体ごとぶつかって、やってのけている。
（略）息の長い女優さんになるのではないかな、とね。

『Wの悲劇』で薬師丸は数々の映画賞に輝くが、ブルーリボン賞の主演女優賞を受賞した表彰式で「この映画で燃えつきたので、女優を辞めようと思っていたが、この賞は私にとって励ましになる」とスピーチ。そして本作を最後に、薬師丸は角川春樹事務所を離れることになる。二〇〇六年二月の「日経ビジネス EXPRESS」（日経BP社／二〇〇六年二月二十四日）で、彼女はその事情を打ち明けている。


事務所をやめたいという話は、折に触れて言っていたんです。けれど「もったいないぞ」と言われていました。

八十五年に独立したのは、二十歳の時に「Wの悲劇」という映画に出て、自分も大人になったから、決断してもいいのかなと思ったことが一つのきっかけです。Wの悲劇が私の角川事務所での最後の作品になりました。

それから、演技に関して、自分が泣きたい時に泣いて、泣き方も他人に指示なんかされたくないって、正直思ったんですね。

そんなふうに追い詰められたこともあって、事務所をやめようと思って、親にも言わずに角川さんに会いに行きました。そうしたら、また「もったいないぞ」とおっしゃってくださったんです。しかも、それは引き留める意味じゃなくて、「自分が続けたいと思ったら、またいつでもやればいい」と言うんです。そういう形で送り出してもらえるなんて意外で、私自身すごくびっくりしました。角川さんの懐の大きさに感謝しています。

一九八五年三月、薬師丸ひろ子独立。寛大な春樹の下、表向きは円満退社だが果たしてその真相は——。

「確かに本人から申し出てきました。私の場合、事務所という形ではやっていましたが、いわゆる芸能プロダクションではないのでね。うちの契約は一年更新だったかな。まあ、私がNOと言わなかったから、円満な独立に見えたかもしれない。ただ、彼女の口から語っていないことはたくさんあるはずです。結局ひろ子は、彼女を美味《おい》しいと思った回りのメンバーによって独立させられたわけです。連中が興した制作会社の中心には、うちの事務所にいた者もいれば、かつては私の仲間だった洋画配給会社の人間もいた。要するに有象無象です。もう思い出したくもないけれど。独立後の『野蛮人のように』はいまひとつで、彼女は興行力を失ってしまったでしょう。むしろ同時上映された『ビー・バップ・ハイスクール』の方が話題になってね。その後、うちの事務所の創立記念パーティーに、ひろ子が来てくれたことがあったんです。そのとき、私に小さな花束と手紙を手渡してくれた。そこには『独立してみて自分が本当に大切にされていたことがわかりました』と書かれていました。うちを辞めて早々と気がついたんじゃないかな。独立の前後に周囲にいた人間は、すぐに離れて行ってしまったようです。彼女は乗せられ、騙《だま》されたようなもの。酷《ひど》い話です。ひろ子に対して、私は今も、何のわだかまりもないですよ。本当に存在感のあるいい女優になったと思うし。これまで、あえてこの件に関しては触れて来なかったけれど、事実は事実ですから」

怒りや憎しみを表わすことなく、声も荒らげず、春樹はただ淡々と、忘れ去りたい過去の真相を語った。十三歳で発見された天才少女は、アイドルとして煌《きら》めきの頂点に達した十七歳で社会現象を巻き起こし、二十歳になって一人前の女優へと成長した。しかしその直後の旅立ちは、周囲の大人たちの打算も働き、決して綺麗事《きれいごと》では済まなかった。「今だから話せるということかな」と視線を落とす春樹の表情は、寂しさを超え、諦観《ていかん》の境地を思わせた。

Scene 8

青き疾走

『汚れた英雄』の監督は「オレがやる！」

日本映画界には因習があった。撮影所で助監督の下積みをしてきた者でなければ、一人前の監督として認められない。映画界が斜陽化し撮影所が人材を育てなくなった後も排他的な空気は残っていた。七〇年代後半、自主映画出身のＣＭディレクター大林宣彦が『ＨＯＵＳＥ／ハウス』で劇場映画に進出する際にも、東宝撮影所内部の反発は強かった。これが大きな突破口となり、自主映画出身の若手が商業映画デビューする流れが、ようやく生まれ始めていた。

一九八二年、角川春樹は『汚れた英雄』で映画監督デビューを飾る。しかし春樹は自主映画の監督経験もなく、ましてやメガホンを執るという野心すら抱いたことはなかった。

＊　　＊　　＊

大藪春彦原作『汚れた英雄』の映画化権が春樹の許《もと》へ戻ってきた。劇場版アニメ映画『宇宙戦艦ヤマト』で大成功を収めたプロデューサー西崎義展が実写映画製作への進出を企て、徳間書店との共同製作により映画化を進めていた。ところが、自社の資金繰りが悪化。三年以内に公開しなければ角川春樹事務所に映画化権を戻すという契約に基づき、返上してきたのだ。

一九六七年から六九年にかけて大藪が発表した本作の主人公北野晶夫は、夭折《ようせつ》の天才二輪レーサーだ。戦災孤児となり、親戚《しんせき》の家が経営するバイク屋に引き取られて育つ。やがて、持って生まれた日本人離れした美貌《びぼう》と肉体で裕福な女性たちを次々と籠絡《ろうらく》し、高いステージへと上り詰めていく。幼い頃から現実に踏みつけられてきたことへの復讐《ふくしゅう》でもあった。

実は『復活の日』撮影中、春樹は草刈正雄から『汚れた英雄』を演じられるのは自分しかいないと、しきりに売り込みをかけられていた。草刈の許には、多くのファンから本作映像化の際には是非主演してほしいという声が届けられていたという。そして春樹は、他の人選を考えることなく、草刈の熱意を受け入れた。

脚本は、松田優作と組んで『処刑遊戯』『野獣死すべし』を書いてきた、丸山昇一《まるやましょういち》。戦後に這《は》い上がっていく日本人を大河物語風に描いた長大な原作は、文庫本にして四巻。丸山は、原作のストーリーから離れて現代を舞台に置き換え、徹底的に捨象し、セリフも極力排して映像の持つ力を前面に押し出していった。

「三重の鈴鹿《すずか》で毎年行われている耐久レースを観《み》たあと、宮城の菅生《すごう》サーキットでレースシーンだけ撮って、俳優の登場しない『特報』映像を最初に作ったんです。配給が東映に決まってスタートしました。脚本は出来ている。主役も決まっている。しかし、監督だけなかなか決まらなかった」

根岸吉太郎、村川透、鈴木《すずき》清順《せいじゅん》など七〜八名の監督にオファーしているが、全員に断られている。

「まず四輪映画には、ポール・ニューマンの『レーサー』やジェームズ・ガーナーの『グラン・プリ』という代表作があったけれど、それまで二輪のロードレース映画なんてなかった。それに、二輪はそれほど人気があったわけでもないんです。私の『汚れた英雄』で初めてブームになったわけです。バイクレースを中心に据えた映画になることに尻込みして、みんなこれは撮れないぞと。レースによっては、事故で死人が出たりするケースもありますからね。それを恐れるという理由もあったかもしれない。若手を含めいろんな人と会いましたが、結局全員ダメでしたね」

「スポーツニッポン」の芸能面に連載された「我が道　草刈正雄」第十八回（二〇一四年六月十九日）に、草刈はこんな証言を残している。

（略）ここからがいかにも角川さんらしい。

「おまえが監督を決めていいよ。誰とやりたい？」

（略）男と女の話に特化したら絶対に面白くなると考えた僕は「TBSのディレクター、鴨下《かもした》信一《しんいち》さんはどうでしょう？」と告げていた。

「岸辺のアルバム」（七十七年）や「女たちの忠臣蔵」（七十九年）、のちには「ふぞろいの林檎《りんご》たち」（八十三年）などを発表し、日本のドラマ史に名前を刻んできた名演出家。角川さんは「いいよ。会おうか」と快諾し、アポイントを取って鴨下さんにお会いした。

しかしスケジュール的に困難という答え。結局、鴨下監督は実現せず、「さあどうしましょう」とみんなでミーティング。その話し合いの流れの中で浮上したのが角川さんだった。

「わかった。俺がやる」

角川春樹監督が誕生した瞬間だった。

プロデューサーである自分が、自ら撮るしかないと思い立ったのは、どの時点だったのか。

「特報のレース映像を観てからですね。人間ではなく機械、メカの話でしょう。宣伝で謳《うた》ったのは、〈〇・一〈コンマ・イチ〉秒のエクスタシー〉。この映画を撮るには、レースとはセクシーなものであるというコンセプトを理解してもらわないとできないなと。あの時代の監督は、ほとんど人間のドラマを中心に置きましたから。結局、東映に『じゃあ、オレがやるよ』と言ったとき、関係者全員がもう、『殿、ご乱心！』と反対してねぇ」

いくら名プロデューサーとはいえ、監督としての実績を何も残していないのだから周囲の反応は無理もない。「社長、いいよ。やんなよ。運気は社長に流れてるぜ」と唯一賛成したのは、盟友・松田優作だけだったという。

「『伊賀忍法帖』との併映で十二月に小屋を空けてもらっていましたから、監督が決まらないと穴を開けてしまう。信用に関《かか》わる問題でしょう。で、東映もやむを得ず了承した。他に選択肢がなかったんですね」

だからと言って、自ら監督するからには、何らかの強いモチベーションがあったのではないか。

「ああ、それはありましたねえ。実はこの映画の直前、西村寿行《にしむらじゆこう》さんの『化石の荒野』を渡瀬恒彦主演でプロデュースしました。これがものすごくつまらない映画だった。実に退屈で。渡瀬のせいじゃない。率直に言います。長谷部安春《はせべやすはる》監督の力量がなかったんですよ。でもキャンペーンでは、嘘《うそ》をつかなきゃいけない。立場上、面白くもない映画を面白いと言わなければいけない。そして不入りだった。切なかったんですよ、私は。自分のプロデュース作で嘘をつきたくない。こんな思いをするくらいなら、もう自分で監督したほうがいいんじゃないかと」

つまり、出発点は義務と責任だった。処女作に臨むにあたり、当時の春樹はどんな心境だったのか。自著『試写室の椅子』(角川書店)に、緊張感に満ちた文章が残されている。

(略)映画の現場は、私が思っていた以上に戦場だった。私は、スタッフ三十四名を率いる武

将であり、戦士であった。八月七日にクランク・インしてから、十月十七日のクランク・アップまで、私は狂気の信長となり、軍刀としての短刀を常に身につけていた。私は、「汚れた英雄」の作品価値に監督として責任を持ち、商品価値に製作者として責任を持っていた。その二つの責任を全うできなければ、私は自刃する決意をクランク・イン前から持っていた。まさしく映画は戦場だった。

映画に生かされた俳句理論

東南アジアのゴールデントライアングルやパレスチナなどへ赴き、戦場の空気を肌で知っていた春樹は、撮影現場を「戦場」と同等の緊迫感が流れる場と捉《とら》え、しかも事前に、「配収十二億円を切るようなことがあれば腹を切る！」と宣言。これは、責任を取って辞めるという比喩《ひゆ》ではない。実際に日本刀で切腹する覚悟でいたという決意だ。

「周囲に対し、中途半端じゃ許さないという意味もありました。撮影中、仕事ができないスタッフを、私は殴ったり蹴飛《けと》ばしたりしているんです。現場から逃げ出した奴もいる。あれほどみんなが緊張した現場もないでしょう。まあ、一番殺気立っていたのは私だけど」

春樹が身に付けていた日本刀は、映画の冒頭で草刈が手にするシーンに登場する。脚本もまた、研ぎ澄まされた刃のようだった。撮影までに第七稿まで行った丸山脚本には、もはや物語といえるものは存在せず、キャラクターの生き様だけが残されている。

「見せ場は二つのレースに集約しました。最初は敗れ、最後に勝つ。主人公の生い立ちまで描いていたら、人間ドラマにはなるかもしれないが、レースの話ではなくなってしまう。一週間くらいの話にしてしまおうと。さらに現場でどんどん変わっていった。脚本はあくまでもスケッチです。スケッチは丁寧に作らなきゃいけないけれども、色付けするときはもっとデフォルメしなきゃいけない。それは現場に実際に立ってみないとわからないんですよ。肉体を持った役者が出てくると、セリフを含めて変わりますし、ほんとにライブ感覚ですよね。きっちり脚本通り撮《と》ろうという気は全くなかったですね。毎日どうなるかわからない。自分の閃《ひらめ》きだけを信じていたということかな」

日本映画の悪癖のひとつが、セリフの多さだった。状況や心情について説明過多な点は、現状もなお改善され切っているとは言い難い。

「多くの日本映画は、何もかも言い過ぎるわけですよ。画でわからないものを言葉で補うのは間違いじゃないかと。もっとモノに象徴させ、映像で見せるべきです。私は俳句を作るときの姿勢を、監督としての演出方法にも貫きました。俳句というのは、五・七・五の十七音から成る、世界で最も短い定型詩ですよね。つまり最低限のものだけを残し、ギリギリまで削《そ》ぎ落とす作業です」

上映一時間五十二分に対し、回したフィルムは三十八時間強。何を狙《ねら》って撮影し、どのように削ぎ落としていったのか。俳人でもある春樹は、『汚れた英雄』に「俳句理論」を適用していった。では、ロジックに従ってその内容をみていこう。

「俳句理論のポイントは三つあります。まず一つめとして、俳句は〈リズム〉であると。もちろん映画もリズムを第一としますよね」

本作のリズムを決定づけているもの。それはキャメラ・アイだ。

「劇映画が、本物のレースを上回るために必要なことは何かというと、それは主観で撮ることしかないんです。つまりライダーの眼《め》からマシーンを観る。そうじゃないと観客は、レースで闘うライダーたちに感情移入できません」

走行しながら観るマシーン。それは決して、メカへのフェティシズムではない。フェチとエクスタシーの違いとは何だろう。

「大藪さんはメカ好きですが、私は全くメカが駄目。無機質なメカの美しさは狙いましたが、メカそのものを舐《な》め回すような撮り方はしない。レーサーの非常に細かい手の動きや足の動きは撮っているんです。レースをより美しく撮るため、キャメラアングルや撮影手法もかなり研究しましたよ。例えばデッドヒートで、三台のマシーンが併走するシーンでは、ポルシェをその真横に併走させて撮っています。ポルシェもマシーンも時速百四十五キロで並んで走るわけ。キャメラとキャメラマンは、ポルシェのフロントグラスの前に縛って固定してね。運転手は前方が全然見えない状態で、猛スピードで走る。勘だけで走っているんですよ。そして三人のライダーの動きに合わせ、ヘアピンをギリギリに回る」

キャメラをセッティングしたバイクに二輪レーサーが乗って撮影するというシーンもある。確かなアングル、計算されたショットが、ライダーの心理に肉薄し、観客をサーキット内に引きずり込む。こうした撮影手法の探究によって、春樹は「レースの視点」を獲得し、映像のリズムを刻んでいった。

「クライマックスの全日本選手権第九戦。あれはちょうど十八分。私のエンターテインメントの原点である『ロッキー』のラストのボクシングシーンが十八分なんです。それ以上長いとダレる。緊張感がなくなる。第八戦は十分を割っていて、マシーンの美しさに焦点を絞り、ハイスピード撮影も使わなかった。第九戦はレース展開そのものを追いました」

レースの分数もリズムの内。それは、春樹が当時最も影響を受けていたハリウッド製エンターテインメントの最高峰を参考にしていた。

草刈正雄のスタントを担当した若手ライダー平忠彦《たいらただひこ》の存在も、春樹に多大なインスパイアを与えていた。

「ハンサムでね。喋《しゃべ》ると福島弁だったけれど（笑）。平君のレースを観て、脚本を変えていったところもある。目一杯飛ばすんですよね。つまり転倒を恐れない」

ちなみに、菅生サーキットの観客席を埋めるエキストラを集めるため、春樹は一計を案じている。

「薬師丸ひろ子と原田《はらだ》知世《ともよ》にライブで歌わせることにして、彼らを集めたんですよ。レースファンも併せて一万人以上は来たんじゃないかな。最後に優勝してなだれ込んでくる観客は、みんなエキストラですから」

クライマックスには、ヤマハ発動機も全面協力し、最新マシーンを目の当たりにすることもでき、二輪ファンには堪《たま》らないイベントになった。ヘリ撮影を含め十台のキャメラを駆使。休業宣言中の薬師丸ひろ子の登壇もあったお陰で、取材陣も大挙して押しかけることになった。

では、次なる俳句理論とは何か。

「二つめとして、俳句はイマジネーションであり、映画の場合は〈映像の復元力〉が重要だと思う。映画館を出た観客が、あとになってから、あるシーンを鮮烈に思い出す。いつでもリフレインできるシーンを作るということですね」

春樹の代表句のひとつを挙げよう。

あをあをと瀧うらがへる野《の》分《わけ》かな

那智《なち》の滝を詠んだ句である。野分とは「台風」の古称。台風によって滝が裏返ってしまった状態を、色彩で表現している。

「私の俳句の特徴のひとつは、色彩感を持たせていること。もっとも最近はだいぶ変わりましたけれど。私の句に多く出てくる色は、赤か青。『汚れた英雄』では、ブルーを基調とすることを意識しましたね。全カットにブルーが入っている。画面全体が青味がかっているだけでなく、小道具の色にもブルーを入れてある。キャメラマンの仙元誠三《せんげんせいぞう》さんは、当初は私が監督することに強く反発した立場の映画人でした。でも、いざ現場に入れば、私はいちいちファインダーを覗《のぞ》いて、ああしろこうしろと具体的に駄目出しをしてね。その結果、私と仙元さんの関係は非常によくなったんです」

仙元誠三キャメラマンの撮影助手を務めていた柳島克己《やなぎじまかつみ》は、のちに北野武《きたのたけし》監督作品のキャメラマンとなるが、あの青味がかった〝キタノブルー〟の原点は、本作の〝ハルキブルー〟にあったのではないか、と考えるのは穿《うが》ちすぎだろうか。

「『愛情物語』は赤、『キャバレー』ではセピアというかブラウン系。私の監督作は、一作ごとにみな色が違うんです。メカの銀色は、青っぽく感じることもあるじゃないですか。特に日本刀などは、美しいブルーそのものに感じますね、私は」

そして、冷たい薄めのブルーは、本作のエンディングである「死」をも象徴している。

「俳句理論の三つめは〈自己の投影〉と呼んでいます。映画も自分の想《おも》いを極めて濃厚にフィルムに反映させなければいけない。自分の作品には、『角川春樹』というスタンプが押してあるような特徴がないと駄目だと思っているんですよ」

　技巧的なこと以上に、それは主人公の「生」から立ち上ってくる。原作の主人公北野晶夫は、成功のためにはなりふり構わず女性も踏み台にしていく。映画版の主人公は、対照的に実にストイックだ。大企業のチームに勧誘されても「一匹狼《おおかみ》」を貫く。インディペンデントで走り続けるために資金を工面する。女性を抱くのは職業として割り切り、惚《ほ》れることはない。自らの天才性を信じて勝負に懸け、異常なほどの執念と闘志を燃やす、勝つために。これはまさに春樹の生き様そのものだ。

「私はこの作品を、どこか若者に媚《こ》びているような、ありきたりな青春映画にしたくなかった。観客を楽しませるのと、媚びるのは根本的に違う。楽しませはするけれど、絶対に媚びず、自分の映画を作ることに徹したわけです。私は、いわゆるプロモーション・フィルムのように映画を撮ろうとしたんですね」

　音楽専門チャンネルＭＴＶの普及とともにミュージック・クリップと呼ばれる楽曲のプロモーション映像が、八〇年代初めに流行し始めた。ただし、爆発的ブームとなったマイケル・ジャクソンの『スリラー』は、『汚れた英雄』公開と同じ一九八二年十二月リリース。そうした映像センスをいち早く採り入れた映画『フラッシュダンス』の全米公開は、翌八三年四月。地上の二輪を、空飛ぶＦ‐一四戦闘機に換えたような『トップガン』の全米大ヒットは、一九八六年のことだ。映像に対する春樹のジャーナリスティックな感性は、時代を捉《とら》え、半歩先を行っていた。

文庫版『汚れた英雄　第Ⅳ巻・完結篇』（角川文庫）の巻末に、春樹は文章を寄せている。自らの初監督作になるなどとは思ってもいなかった、一九七九年八月一日の日付入り解説文から引用しよう。


私は、「人生は窮極のところ戦いでしかない、勝つことだけが善だ」と、単純にわり切ってしまっている。人が考えるほど、人生は複雑ではない。複雑なのは人間関係だけである。大藪春彦という作家は複雑な人間関係からはずれた宇宙人みたいな存在で、主人公は作者同様これまたシンプルに人生に復讐しようとしている。屁《へ》みたいな小説と文章の多い今日の出版界にあって、大藪春彦は刺すような毒気と逆説的ではあるがかなり説得力のある人生論に満ちた作品世界を展開し続けてきている。

（略）北野晶夫の死は美しい。なぜなら、彼の終極的な生き方は「レースに勝つ」ことだけに絞りこまれているからだ。音楽だけに生きるミュージシャン、ヨットだけに人生を絞りこんでいるヨットマン、或《ある》いはサーファー達。彼らの人生はシンプルで美しい。そして、美しくあり続けるためには若くして死ななければならないところに、人生それ自身の本当の復讐があるのかもしれない。

ここに書かれた内容は、すでに完成した映画版を暗示しているかのようだ。メカと同化して走り抜け、「美しい死」に向かう生き様のイメージを、春樹はメガホンを執る以前から夢想していたように思えてくる。

撮影現場でのバイク事故の真相

撮影終盤、サーキット内で事故が発生した。

出演者ではない。春樹自身がバイク事故を起こし、顔面二十四針を縫う裂傷を負い、肋骨《ろっこつ》三本を折った。レーシングスーツに着替え、レース用のヘルメットやゴーグルも装着し、単車に乗って時速百キロ以上を出したが、急カーブを回り切れず、バランスを失って単車は転倒。春樹は、宙に舞ってコースに激しく叩《たた》き付けられたという。大々的にメディアで報道もされたこの事故について、雑誌「野性時代」編集長だった渡辺寛は、書籍『流され王の居場所　角川春樹論』（富士見書房）の中でこう書いた。

角川春樹がその日もとめたものは、相対的な〈現実〉の論理に照らしたら、「ひどく簡単」にすぎて「幸福とも、空《むな》しいとも判断がつかない」死であった。彼は〈現実〉に同調し妥協することを拒んで死に直接しようとしたのであり、死に方そのものが現実世界の評価を拒絶していた。それが、九月五日菅生サーキットで、角川春樹の心深くに起きていた劇であった。

まるで自殺願望から起きた事故のように受け取れる記述だ。訊《たず》ねてみると、春樹は一笑に付した。

「いやいや、これは全く違いますねえ。ただの遊び半分のことでね。そんなに大層なことじゃないんですよ（笑）。ちょっとスタッフと競争しただけのことなんです。私は未《いま》だに免許も持っていないくらいですから、当然ビリになりますよね。レース場の中では免許が要らない。悔しくてしょうがないので、もう一度翌日やったわけです。それでトップになった。要するにコーナーで止めなきゃいいのかと。で、撮影のセッティングをしている合間に、スピードを記録更新してやろうとバカなことを考え始めてね。転倒して記憶を失って、あんなことになりました。縫ってもらってすぐに起き上がると、医者が『一体どこ行く気ですか』と訊いてくるから、『現場ですよ』と答えると、『救急病院に来て何を言っているんですか？』と。でも『俺は監督だから撮影現場に戻らなきゃならない！』と言い放って。で、私が凄《すご》い顔で現場に現れたんで、スタッフはもっとビックリしちゃってねえ。あばらの方は、全治二ヵ月と言われましたが、五日後には治っていたので、医者から『バケモノですね』と言われましたよ」

真相は呆気《あつけ》ない。乗っていたのは、五〇ＣＣ程度の単車だった。

＊　　＊　　＊

当初三億円台だった製作費は、最終的に四億円以上になった。配収は二本立てで約十六億円。もし十二億円を割っていたら、本当に腹を……。

「ええ。ただね、のちに癌《がん》で胃を切ったとき、これはいてえなと思ってね。切腹なんてできねえぞって思いましたよ。いやあ、麻酔から覚めたときの痛さは尋常じゃない（笑）」

完成直後、春樹は、映像的な納得度は五〇%、自己採点すれば七五点と答えている。減点対象は何だろう。

「俺はまだまだこんなもんじゃない。もっともっと才能はあるはずだと思いましたよ。やっぱり役者のせいでしょう。今だから言えますがね、悔いましたよ。深作欣二から聞いてはいたんです。『復活の日』で草刈には相当手を焼いたと。顔だけ観ていると上手《うま》くいっているように思えるけれどね。『喋らなければいいのに』と深作は言っていたんですが、自分で監督してみるまで、その意味がわからなかった。駄目出しだけでフィルム一巻終わっちゃうんだから。草刈も相当、自尊心が傷ついたはず。私を『殺してやりたい』と思ったらしいですよ、気分的には。もちろん、できあがったものは格好よく見せてはいます。ただ、演技力の問題はまた別でね。まあ、これは彼に限らず」

六十歳を過ぎ、いまやNHK大河ドラマ『真田丸』で老獪《ろうかい》な武将・真田昌幸《さなだまさゆき》役を、味のある演技で魅せる草刈正雄だが、モデルから俳優へ転向した若き日は監督の手を焼かせた。それでも春樹は、すぐに監督業を続けていきたいという意向を示している。それは、『汚れた英雄』の反省に基づく創作へのさらなる欲求だったのか。

「いや、これはまた違うんです。尾道で撮っていた大林さんの『時をかける少女』の現場を訪ねてみると、原田知世という存在がね、私に『撮りたい!』と思わせたんですよ」

一人の少女への春樹の熱狂は、八〇年代前半に日本中へ伝播《でんぱ》することになる。

Scene 9 少女の魂

原田知世の内なる声に導かれて

取材の少し前にリリースされた原田知世のニューアルバム『恋愛小説』(二〇一五年三月十八日リリース)を持参し、ビートルズやプレスリーのラブソングをカバーした全編英語詞の曲の印象について切り出してみた。すると春樹は、そそくさと何やら探し始め、「ネットで試聴して買おうと思っていたんだ。恋愛……何だっけ?」と、少年のような表情に戻って手にしたメモ用紙にタイトルを書き留めた。

ボサノバ調のアレンジで吐息混じりに大人のラブソングを歌う、シンガーにして女優の知世が見出《みいだ》されたきっかけは、不思議な逸話に包まれている。なにしろ春樹は、ラベンダーを嗅《か》いで時空を超えるにも等しい神秘的な体験をしたのだ。

＊　　＊　　＊

一九八一年の暮れ。『セーラー服と機関銃』大ヒットの混乱の中、主演女優薬師丸ひろ子が大学進学のために一年間休業することを記者発表した後、春樹には早急に成すべき課題が生まれた。次なるスターの発掘である。「角川映画大型新人女優募集」と銘打って、『汚れた英雄』の併映作品である真田広之《さなだひろゆき》主演作『伊賀忍法帖』のヒロインをオーディションで選ぶことになった。全国各地で予備審査が行われ、応募総数は五万七千四百八十人。劇中、「主演男優と布団の中で抱き合うシーンもある」役柄ゆえ、応募規定は十五〜二十歳とした。

当時十四歳だった原田知世は書類審査で弾《はじ》かれるのも承知の上で、憧《あこが》れの真田広之に一目会いたいという、初々しい動機から応募している。一次、二次審査を知世が通過したのには理由があった。知世の応募用紙に添付されていた写真は二枚。一枚は彼女の真正面の顔写真で、もう一枚には、特技であるバレエを踊る姿が写っていたが、その隣には一緒に踊る姉の姿があった。春樹は、この姉にも注目した。姉・原田貴和子《きわこ》は十六歳。二人は幼い頃からバレエに打ち込んできた長崎県出身の姉妹だった。将来的に貴和子は、バレエ教室を開く夢を抱いていたという。福岡で開かれた二次審査の九州地区大会に、貴和子は知世の付き添いで来場した。

「それは目に留まりましたよ。年齢的には、姉の方に応募資格があったしね。私が『君自身が応募する気はあるのか』と訊《たず》ねると、貴和子はきっぱり『ありません』と答えたんです。そのときは、ですよ」

「そのときは」と念を押したのは、四年後、貴和子は女優になったからだ。スペイン・イタリア・日本合作に劇場未公開アクション映画を経て、角川映画『彼のオートバイ、彼女の島』で日本デビューを飾る。

最終審査となる三次審査は、一九八二年四月十八日に東京會舘《かいかん》で開かれた。最終選考に残ったのは二十数名。知世の受験番号は「十三番」だった。まずこの数字に、春樹は強く惹《ひ》かれたのだ。

「マヤの暦が十三ヵ月。神道では十三の日、足して十三でもいい。十三という数字は、古代から神が選ぶ神格数です。日数でも画数でもいい。例えば、大本《おおもと》教の出口《でぐち》ナオや天理《てんり》教の中山《なかやま》ミキも、名前の画数は十三なんです。私の大学受験のときの番号も十三番で、成績は十三番目。だから十三番となると、どういう人間なのかと興味を抱くんですよ」

オーディション審査員の一人として同席していた作家つかこうへいは、エッセイ集『つか版・男の冠婚葬祭入門』（角川文庫）に、『野性の証明』のヒロイン選考時と同じような春樹の奇つ怪な言動を綴《つづ》っている。

原田知世さんの時は、当時このなんの変哲もない女の子に角川氏がなぜ執着するのかわけが

わからなかった。

いまにして思えば、私の眼力《がんりき》のなさなのだが、突然「じゃ特別賞を出す」とテーブルをたたいたのである。

私もカッときて、

「あんた、こりゃ時代劇でしょうが、あの子にかつらが似合うとは思えんですよ」

「時代劇？」

「このオーディションですよ。しっかりして下さいよ」

「あ、そうか、しかし、あの娘はいいぞ。オレ、タイプなんだ」

「あんたのタイプは関係ないですよ」

「なにが関係ないだ、オレは好きなんだ」

「そんなに好きならヨメさんにでもすりゃいいでしょ」

「なんてこと言うんだ、年がいくつ離れてると思ってんだ」

と顔をまっ赤にして審査会場を出ていった。


事の真偽を問うと、春樹は「これは嘘《うそ》です。作ってます。まあ彼は作家だから」と、はにかんだ。

「ただまあ、それに近いことは言ったんでしょうが、そこまで劇的なことは言えませんよ」

とはいえ大林宣彦もまた、「春樹さんは『本当は自分が結婚したいくらいだけど、年齢の差で無理だから、息子の嫁にしたい』と言うほど知世に惚《ほ》れていた」と証言している。

「それは言ったかもしれない（笑）」

春樹が知世に懸けた決定的な要因は、受験番号「十三番」を超えるものだった。それは最終審査の前夜に起きていた。

「翌日の本番に備えて彼女たちの堅さをほぐすため、前夜祭では全員にカラオケを歌わせることにしたんです。福岡での特技審査のとき、知世は歌ではなく『白鳥の湖』を踊って見せた。最終審査でも彼女はバレエだった。でも前夜祭では、彼女にも歌を歌わせたんです。知世の持ち歌は、大橋純子《おおはしじゅんこ》の『サファリナイト』。堂々と歌い始めました。まるで、浄化のエネルギーを発する光体のように。古典的な美しさを感じさせる少女でした」

するとと春樹は不思議な声を聴く。

「『私を観《み》て……』と、知世の声がしたんです。目の前で彼女は歌っているのに、私の脳が本人とは違う肉声を直接聴いたので、最初は幻聴かと。不思議に思っていると、もう一度今度はくっきりと、『私を観て！』と大脳を刺激してくる。何かの比喩《ひゆ》ではありませんよ。いわゆるテレパシーなんでしょうかねえ。まぎれもない事実です。魂の声というか、守護霊の声ということもありうる」

春樹は、演技力では大分県出身の十六歳の渡辺典子《わたなべのりこ》が、他を圧していると見ていた。つまり中学生の知世に対しては、マスコミや来場客の前で『白鳥の湖』を踊る姿を披露させれば、公開オーディションの華になる程度に考えていたのだ。

「知世はオーディションに向かない子だったんです。薬師丸ひろ子も同じ。オーディションに不向きなのは、『絶対受かりたい！』というガッツが見えない子です。でもこれは逆に大事なこと。要するに、単に注目を浴びたいという欲望を抱くようなケースが多すぎる。少し気持ちを引いている方が、素材としてピュアだと感じるんですね。こちらが掬《すく》い取らないと、捕まえることが出来ないと感じさせるものこそ大切なんです。薬師丸ひろ子にも原田知世にも、オーラというものを感じはしなかった。私自身の直感は信じたけれども」

知世は、眠れる自我を、内なる声を、春樹の神懸かり的な力によって聴き取られ、才能を発見された。

「明らかに、受験番号『十三番』のあの『声』を聴かなければ、私は知世を選ばなかったでしょうね」

優勝は渡辺典子。知世には急遽《きゆうきよ》、予定にない特別賞が用意された。

「最終審査のオーディション会場には、フジテレビのプロデューサーもいました。特別賞の知世をその場で、テレビドラマの主演に大抜擢《だいばつてき》することに決めたんですよ」

永遠のリリシズム『時をかける少女』

最終審査の翌月、知世はいきなり撮影現場に放《ほう》り込まれ、七月放送開始のテレビ版『セーラー服と機関銃』のヒロインを演じ、続けて十一月放送開始の『ねらわれた学園』でもヒロインに。劇場映画デビューに関しては、春樹が企画を温めていた。

「この子で映画を撮るなら、『時をかける少女』しかないと。原作のヒロインのイメージも、タイトル自体も、知世にピッタリでしょう」

筒井《つつい》康隆《やすたか》のジュブナイル小説『時をかける少女』は、一九六五年に学研の「中三コース」で連載が始まり、六七年に鶴書房盛光社《つるしょぼうせいこうしゃ》のジュニアSFシリーズとして刊行。七二年には、NHKの夕方枠〈少年ドラマシリーズ〉の第一弾『タイム・トラベラー』（三十分×全六話）として映像化され、高視聴率を記録。カルト化し、七六年には角川文庫化されていた。

中学生の少女・芳山和子が実験室でラベンダーの香りを嗅いで意識を失ったことをきっかけに、瞬間移動と時間旅行の能力を身に付け、やがて未来から来た少年に淡い恋心を抱いてしまう思春期ファンタジーだ。

春樹は、この認知度の高い原作の映画化に知世を起用し、薬師丸ひろ子復帰第一作『探偵物語』の併映作品として公開する企画を立てた。

「では監督は誰か。当時、少女の潜在能力を引き出す監督といえば、大林さんしか考えられなかった。前の年に観ていた、男女が入れ替わる青春映画『転校生』には感動しました。新鋭・小林聡美《こばやしさとみ》は全然美人じゃないのに、魅力的に描くのが上手《うま》い」

CM業界から映画監督となり、魔術師と呼ばれるほどに視覚的な技巧に富んだ演出で注目された大林は、故郷・尾道《おのみち》を舞台にした低予算のファンタジー映画『転校生』で新境地を切り拓《ひら》いていた。映像的な遊びを抑制し、少年少女の内面の揺らぎを描くことに成功したのだ。大林宣彦は自著『ぼくの映画人生』（実業之日本社）の中で、経緯を振り返る。

『転校生』をつくり終えたぼくは、もうこれで尾道を舞台にした映画を撮ることはないだろうと思っていました。ところが角川さんから原田知世のために『時をかける少女』をつくってくれないか、ついては尾道へ行って映画を撮ってくれませんかと言われたのです。

大林は、演出的な狙《ねら》いについて独自の映画論をこう語っている（「キネマ旬報」一九八三年七月下旬号）。

SFというのは本来、人間の魂のリリシズムであるとか、人間の尊厳であるとか、内面的世界をデリケートに、感情豊かに描くための素材であったはずなのに、それがファッションになりすぎてしまったという反省が僕にもありましてね。（略）ストーリー的には三角関係のメロドラマだけど、これをメロドラマでやると、ベタベタした甘えの構造になるところが、ＳＦファンタジーでやるからこそ、一種の節度、キリリとした礼節が生まれる。それがリリシズムにつながるんですね。

そうした叙情詩的な趣にとって、尾道という舞台は、実に重要な役割を果たしている。

「もし舞台が尾道でなく東京みたいな都市だったら、知世の魅力が発揮されなかったでしょうね。あんな子、現代の東京にいないと思われたかもしれない。幻想的な古い町並みだからこそ、知世は引き立ったんです」

そして大林は、『転校生』とは異なる戦術で、「尾道」に臨んだ（「週刊現代」二〇一二年八月四日号）。

（略）考え込んだ末、「よし、『転校生』で撮った尾道の海と明るさは撮らず、山と暗さだけを撮ろう」と決めました。尾道は春樹さんの勘でしたが、偶然のようで必然だった。それがこの映画の不思議な翳《かげ》りを生み、大正ロマンチシズムを醸し出した。

知世をめぐって、四十一歳の角川春樹と四十五歳の大林宣彦のイマジネーションは拡《ひろ》がっていった。大林は一人の少女に対する作り手の想《おも》いを、包み隠さず明かしている（『ぼくの映画人生』実業之日本社）。

ぼくが会ったときは十五歳で、当時の少女としては珍しく背筋を延ばし、「はい」という返事がとてもいい。角川さんもこの少女を大変愛していて、自分が十六歳の少年だったら、大恋愛をしていいただろう、その思いをぼくの映画の中で果たしてほしいというのが、角川さんの狙いだったのです。『時をかける少女』は角川さんとぼくの友情の中で成立した企画で、角川映画の中では角川春樹さん個人のプライベート映画という側面を持っていました。

調布の日活撮影所で撮影を始めた大林は、知世という逸材を得た歓《よろこ》びと高ぶりを、いち早く「生」で直送するべく、スタッフを介して手書きのメモを春樹に送り届けている。

角川春樹さま
原田知世は天才です　賢い天才です
真実の正統派です
原田知世は正統派のスターです
真実のスター誕生です

たとえば〈オズの魔法使い〉のジュディ・ガーランド
〈オーケストラの少女〉のディアナ・ダービンに比べられるべき
一九五〇年代のハリウッド華やかなりし頃のイメージの
天才少女スターの誕生です
一瞬一瞬に驚嘆し、毎日興奮して演出しています
スター誕生の神話に、いま立ち合っているのです
知世、ひとつ大きく育てておいしする約束が
みっつくらい大きく育ててお返しできそうです
でもそのうちふたつは知世自身の力です
大切な宝石のきらめきのような少女を預けていただいて
嬉《うれ》しく誇らしく幸福感にひたっています
感謝します
心からの友情をこめて——

大林宣彦
さつえいの現場より

大林は知世に対し、「銀幕の伝説の申し子」という称号まで授けている。ヒロインと未来人

との時間という距離が、主演女優と監督との歳《とし》の差という距離に置き換わったかのような熱情さえ立ちのぼってくる。

知世は、三十年以上前の体験をこう振り返っている（「朝日新聞」二〇一五年二月十四日「映画の旅人」）。

「十代の少女って毎年変わる。十五歳の私を大林監督が残してくれた。そして見て下さった方々の青春の一ページにも、私の知らないところで刻み込まれている。私にとって、この映画は宝物です」

しかし知世が、本作をそのように公言できるようになるまでには、随分と歳月を要したようだ。複雑な胸中を、大林に打ち明けていた（「週刊現代」二〇一二年八月四日号）。

今、知世はコンサートでギターだけをバックに『時をかける少女』を歌っていますが、長らく彼女はこの映画と歌を避けてきたんですよ。封印していましたね。（略）デビュー作が代表作であることが重く、トラウマのようになっていたみたいですね。この映画での原田知世は、おじさん二人によって作り上げられたもので、本当の自分ではないと考えていたらしい。だけど、それは人生の先輩である僕たちが、彼女が気づいていない魅力を先に発見しただけでした。

（略）一年前、この映画の上映会とトークショーで十六年ぶりに知世と会ったら、「私、ようやくあの映画でデビューしたことが本当によかったと思えるようになりました」と言っていました。

この件について、メディア上では多くを語ってこなかった知世だが、作詞作曲・松任谷由実《まつとうやゆみ》による大ヒット主題歌の歌唱をめぐる葛藤《かっとう》に、彼女の心境が表われている（「朝日新聞」二〇一五年二月十四日「映画の旅人」）。

「映画の印象が強すぎて、どう歌ったらいいのか分からなくなった。あの時の感じは今の私には出せないし」

「時間をかけて客観的に自分を見られるようになって、この曲の力強さが分かりました。いい作品はたくさんあるけれど、この映画は、様々な素晴らしい要素が奇跡のようにピタッと結びついて生まれたんだな、と気がついたんです」

春樹と大林のストイックな想いというフィルターを通し、ひとりの少女を愛した当時の観客たちにとっても、時をかける宝物になった。

二本立て興行のうち、製作費約四億円の薬師丸主演作『探偵物語』の方に興行は担保されるという思惑《おもわく》から、製作費一億五千万円弱の『時をかける少女』は作家性の強い作りが許された面もある。高利益率を誇る配収二十八億円の内訳は、果たして『探偵物語』がメインだったのか。今にして思えば、『時かけ』の愛称で語り継がれる知世の銀幕デビュー作の方が、深く脳裏に刻まれている。

＊　＊　＊

春樹の『時かけ』への強い愛着は、十四年後に再び顕在化する。逮捕による失脚後、映画界復帰第一弾の監督作として自らリメイクしたのだ。

一九九七年版『時をかける少女』は白黒映画。無名の中本奈奈《なかもとなな》をヒロインに、舞台は飛驒《ひだ》古川と松本。原田知世のナレーションで幕を開ける。

「リメイクというよりも、むしろ大林版をパート二、私の作品の方は、その前日譚《たん》と考えたわけです」

劇中の現代は、大林版公開の三年前＝一九八〇年に設定。あえて元号で表わされ、「昭和五十五年」から「昭和四十年」へと遡《さかのぼ》る、モノクロームの古式ゆかしいファンタジーだ。低予算ゆえ、春樹が思春期を過ごした東京・荻窪《おぎくぼ》の実家でもロケが行われた。昭和三十年に建築されたこのモダン住宅は、その後、杉並区に寄贈されている。

「昭和四十年というのは、私が大学を卒業して一年目。東京オリンピックが終わり、環境破壊が目に見えてきて、高度成長は終焉《しゅうえん》に向かい始める。つまり日本が変貌《へんぼう》しようとする寸前。古くからあったいいものをどんどん捨てていく。そのぎりぎりの時代設定です。経済的に得たものはあるけれど、日本人が失ってしまったもの、失いつつあるもの、そういうものを追いかけようとしました」

物語を貫くものは、もちろん純愛。実は『時かけ』の世界観にインスパイアを与えていた、知る人ぞ知るあるSFファンタジー映画があったことを春樹は語り出した。

「大林版と同じ松任谷《まつとうや》正隆《まさたか》さんに音楽監督をお願いして、ユーミンが主題歌を歌うことになりました。私は松任谷さんに『この映画を観ておいてほしい』と、あるビデオを手渡したんです。すると松任谷さんが驚いて、『……これ、大林さんのときにも貰《もら》いましたよ』って。それは『ある日どこかで』という映画でした。大林さんもあの映画から影響を受けて発想し、私もまた同じ映画から発想していたことに驚きましたよ」

日本では一九八一年に公開された『ある日どこかで』は、原作・脚本リチャード・マシスン、主演クリストファー・リーブの時空を超えるラブロマンス。公開時はほとんど注目されずに消えていったが、ビデオ化後にカルト化した珠玉の名篇だ。劇中、一九八〇年から一九一二年の牧歌的な時代へとタイムスリップする。

少女が時間の止まったような町並みに佇《たたず》む、あまりにもピュアな大林版と春樹版、二つの『時かけ』。その世界観には同じルーツがあったのだ。

『愛情物語』に託した亡き妹への想い

春樹の直感に始まる「知世伝説」は、第二幕を語らずして終えられない。大林宣彦は『時かけ』の撮影現場・尾道での出来事を綴っている（『ぼくの映画人生』実業之日本社）。

（略）角川春樹さんがロケ慰問に尾道に来て、ぼくのカメラの前でぼくを見つめて輝いている原田知世を見たときに、角川さんはよろこびと同時に嫉妬《しっと》もしたはずです。それが、ぼくのオーケーの基準だったのですから。あの知世の輝きの視線の前に立ちたいという欲求が、角川春樹さんをして、「この次はぼくに撮らせてください」と言って、角川さんが自ら監督した『愛情物語』につながっていくわけです。

「これもちょっと誤解されているなあ。記憶にないしねえ。まあ、映画監督も話を膨らませますから」

一九八四年の夏休み映画として薬師丸主演『メイン・テーマ』併映作品として製作された

『愛情物語』は、春樹の監督二作目だ。主演の原田知世は、クラシックバレエを習いながら屈託なく成長し、ミュージカル女優を夢見る少女。だが、孤児であった彼女は、出自を知るために〝あしながおじさん〟を探す旅に出る。

「ただ言えることは、監督という仕事は、やっぱり惚れ込まないと女優の本質を撮れない。私はすべての演技をカメラのファインダーを通して観ています。その上で肉眼でも観るんですよ。ムービーカメラを通すと、より美しく感じる人と、そうでもない人に分かれる。知世の場合は、カメラを通すと実物よりも美しい。彼女を綺麗《きれい》だと感じたのは、ファインダーを覗《のぞ》いてからなんです」

春樹は『愛情物語』において、三つのテーマを掲げて挑戦を行った。

一、本格的ミュージカル映画を作る
二、原田知世を女優にする
三、人間ドラマを演出する

演出アプローチは『汚れた英雄』と同じように、俳句理論に基づくプロモーション映像的なものだが、主演の草刈正雄さえもオブジェとして捉えた前作とは異なり、家族や男女の心の絆《きずな》のドラマを中心に据えた。

冒頭から三分弱のミュージカル・シーンで観る者を圧倒する。踊っているのは、ブロードウェイでオーディションし、招聘《しょうへい》した本場のダンサーたち。映画『フラッシュダンス』や『フェーム』、ミュージカル『ダンシン』にも出演したダンサーの中で、知世がダンスを披露する。その後は、ドラマを寸断するようにして、唐突に知世のＭＴＶ風ダンス・シーンが挿入される。徹頭徹尾、知世に対する溢《あふ》れんばかりの愛情が画面から滲《にじ》み出るが、清々《すがすが》しく微笑《ほほえ》ましい。

ポップな映像表現でくるまれた本作の中に、俳句は言うまでもなく、古の詩的表現をも読み取ったのは、文芸評論家の山本健吉《やまもとけんきち》だ（『補陀落の径　角川春樹句集』深夜叢書社）。

渡瀬恒彦の扮する「あしなが小父《おじ》さん」と、原田知世の扮する美帆とが道中のとある清水で、水を汲《く》んで咽喉《のど》をうるおす。そのとき、小父さんは自分の両の掌《てのひら》で清水を掬《むす》んで、美帆に飲ませる。美帆もまた同様に自分の両手で掬んで小父さんに飲ませる。そのはて、二人は愉快に笑って、しばらく相手に水を掛け合って戯れる。私はこの一齣《こま》のシーンが、実に美しく、感動的で、『愛情物語』と題されたテーマは、この場面を抜いては意味をなさないとまで、春樹君にも、その周辺の人たちにも語ったのである。男女の愛とも、父子の愛とも思われるこの愛情の最高調が、この場面によって完璧《かんぺき》な表現に達したと――。

私は春樹君に、この場面は原作にあるのかどうかを聞いた。彼は、ないと答えた。彼が思いついて入れたのなら、それはいっそう素晴らしい。それは小説の場面でなく、詩の情景なのだ。その上それは、万葉の東歌《あずまうた》や、沖縄の琉歌《りゅうか》につながる場面であるが、それを意識しないで彼はやったのだろうが、それだけに彼の心の中に潜在するもの、愛情の真の在り方への洞察を物語っている。

何気なく見過ごしがちな、手で掬った水を相手に飲ませるという行為に、深い意味が宿されていた。

「確かに手から水を飲ませるというのは、古代の愛情表現なんですよね。普通は逆。手水《てみず》とは、女性の男性に対する愛情表現なんです。意識的に演出したわけではないので、指摘されて驚きました。そういうものが私の頭にあるんでしょうね」

無意識のうちに表出する表現の根底にあったものとは何か。公開当時、ほとんどの観客が気づかなかった本作の真のテーマ。表層は知世への愛の眼差《まなざ》しで覆われているが、春樹がヒロインに託したものがあった。つかこうへいの文章を引用しよう（『つか版・男の冠婚葬祭入門』角川文庫）。

映画を見ていて、不覚にも涙が流れた。

それは劇中、自ら命を断った渡瀬恒彦氏の妹の名が「真理《まり》」という名のところと、首をくくったと象徴させるかもいいのところにぶらさがっているヒモと、リンゴを割り、「妹にもこうしてやりたかった」の台詞《せりふ》である。

すべてが角川春樹氏の実話である。

氏のたった一人の妹である真理さんが、自ら命を断たれた日、氏はマンションの一室で酒をあおり、一晩中ジョン・デンバーの「故郷に帰りたい」をくり返し聞いていた。一晩中、自分の無力さをさいなんでいたというのを思い出す。

「つまり渡瀬恒彦の役柄は、私自身ですよ。まだ十八歳だった妹、真理の遺書はただひと言、『すいません』だったんです。鉛筆書きでね」

回想シーンは、色鮮やかな着物を着た少女が、シンボリックにインサートされる。渡瀬が吊《つ》り橋《ばし》の上で過去を語るシーンは、会話の音声を消し、字幕スーパーに切り替わる。

自分の事しか考えてなくて
何んにもしてやれなかった

重い過去の事実であるにもかかわらず、BGMでは洋楽が流れ、画面から情念は取り除かれていた。

クランクイン前、春樹は併映作品『メイン・テーマ』の監督森田芳光と対談し、心情を吐露していた（「バラエティ」一九八四年三月号）。

少女も自分の妹を見るような眼《め》で描きたい。（略）なぜその〝あしながおじさん〟が主人公に力を貸そうとするのか、それは妹に死なれてしまったという贖罪《しょくざい》意識がズーッと未《いま》だにある、それを観客に納得させるのは私の演出の力だと思う。助監督は、それは青春映画としては弱いんじゃないかと言うんだけど、青春映画は森田がやるからいいと（笑）。森田の「メイン・テーマ」があるから、これは任せると。私がやることは、自分が二〇代になって妹に死なれたという、それだけにテーマを絞ろうと。

するとと森田はこう返している。

でもそういうこだわりは気をつけて下さいね。それが一番落とし穴ですから。自分の内面を語るというのは、ヤバイですよ。大丈夫ですか。それは絶対にデザイン化して下さい。
大向こうを狙わないで下さい。
ダメですよ。情念を持ち込んでウケようというのは。映画のデザインとして面白ければいいんですけど。

この助言の有効性を問うと、春樹は言下に否定した。

「森田には負けないという気持ちで臨んでいました。私小説的にはしない。森田の言う〝デザイン化〟した映像は、最初から私のスタイルですし。二次利用、三次利用を見据え、永続性のある映画にするためにね」

アイドルの商品価値を高めるため、性を強調するコマーシャル的映像が氾濫《はんらん》する中、春樹の即物的な映像の中核には、詩的エモーションが湛《たた》えられていた。

知世伝説が際立ったのは、少女への想いを超え、その奥底に、春樹の亡き妹への愛と鎮魂の願いがあったからではないだろうか。

Scene 10

ハルマゲドンの予兆

ジャパニメーションの先駆け『幻魔大戦』

春樹が手を染めていない分野があった。アニメーション映画である。人間の肉体性や野性の復活に自身のテーマを見出《みいだ》してきた春樹にとって、アニメーションは一見、対照的な表現メディアのように思える。しかし、プロデュースするからには自らに引き寄せる。時代の流れを読み、若者の声に耳を傾け、実写では表現しえない世界へと足を踏み入れることになる。一九八一年に企画が立ち上がった『幻魔大戦』（一九八三）は、いわゆる「ジャパニメーション」の先駆けのひとつとしてエポックメイキングな作品となる。そればかりか、世紀末ニッポンにおいて、若者たちのスピリチュアルへの傾倒を語る上でも重要なサブカルチャーになった。

＊　　　＊　　　＊

春樹にとって、最も印象深いアニメーション映画とは何だったのか。

『白蛇伝』です。ディズニーアニメは圧倒的でしたが、初めて東洋的なモチーフで日本独自のアニメができたなあと思いました。動きだけでなく、ストーリーラインも魅力的でした」

一九五八年公開の藪下泰司《やぶしたたいじ》監督作品『白蛇伝』は、東映が「東洋のディズニー」になることを目標に東映動画を設立して手掛けた、日本初のカラー長編フルアニメーションだ。アニメ制作プロダクションの買収や機材の購入、人材募集から始め、完成までに約二年の歳月を要している。日本のアニメ界の人材の多くは、東映動画から巣立っていくことになる。

公開当時、春樹は十六歳だった。『白蛇伝』は中国の民間説話をモチーフに、白蛇の精であるヒロインが青年に想《おも》いを寄せる妖《あや》しくも切ない幻想譚《たん》。ちなみに、この映画のヒロインに恋をしてアニメーション制作を志し東映動画に入社した若者の一人が、宮崎駿《みやざきはやお》だった。

「まず私が、なぜアニメーションを始めようとしたかというと、やはり西崎義展の『宇宙戦艦ヤマト』の成功がきっかけですね。それまでは、夏休みに子供が観《み》るための漫画映画という形が主流だったのに、中高生や大人も鑑賞できて興行力も大きな作品が登場したわけです。そういう流れの中で、何か新しいアニメーションが生み出せないだろうかと。私自身ものめり込むことができて、実写では不可能なものは何かと考えていました」

春樹を突き動かした『宇宙戦艦ヤマト』の舞台は、放射能汚染で滅亡の危機に瀕《ひん》した近未来の地球。放射能除去装置を手に入れるべく、海底に眠る戦艦大和《やまと》を引き揚げて改造し、宇宙の彼方《かなた》まで旅する愛と友情のＳＦロマンは、テレビアニメとして一九七四～七五年に放送された。再放送で人気に火が点《つ》き、全国にファンクラブが誕生するほどの盛り上がりを見せた。プロデューサー西崎義展は、一九七七年夏にテレビシリーズの総集編を東映配給で劇場公開し、九億円の配収を上げる。すかさず東映資本を得て、完全オリジナル・ストーリーの『さらば宇宙戦艦ヤマト　愛の戦士たち』（一九七八）を製作。ハイティーンを中心に約四百万人を動員して、二十一億二千万円の配収を上げた。この年、春樹の『野性の証明』に次ぐ邦画ランキング二位だ。劇場オリジナル版としては、続けて『ヤマトよ永遠《とわ》に』（一九八〇）、『宇宙戦艦ヤマト完結編』（一九八三）を製作。西崎はアニメ映画を巨大なビジネスに変えた。

　事の起こりは角川映画『蔵の中』（一九八一）の打ち上げパーティーの席上。脚本家桂千穂《かつらちほ》が、「『幻魔大戦』を映画化しないのですか?」と春樹に訊《たず》ねた（劇場プログラムより）。『幻魔大戦』は、一九六七年にマンガ家石《いし》ノ森章太郎《もりしょうたろう》とＳＦ作家平井和正《ひらいかずまさ》の共作という形で「少年マガジン」に連載。大宇宙を破壊し続ける暗黒の意識体・幻魔の侵攻から地球を守るため、超能力に覚醒《かくせい》した高校生の東丈《あずまじょう》、ルナ姫、サイボーグ戦士ベガらが結集して立ち向かう、地球最後の戦い〈ハルマゲドン〉を描き出す。地球に急接近する髑髏《どくろ》模様の月の前で主人公たちが立ち尽くす光景で、連載は終了。七一年から「ＳＦマガジン」で石ノ森と平井の共作による、別の時間軸の物語『新幻魔大戦』が連載された。

七九年からは、両者が分かれてそれぞれの作品を発表。石ノ森は、徳間書店の漫画誌「リュウ」に『幻魔大戦』連載。平井は精力的だった。徳間書店のSF文芸誌「SFアドベンチャー」で小説「真幻魔大戦」の連載を始める傍ら、石ノ森との共作による少年マガジン版「幻魔大戦」の小説化を角川書店の文芸誌「野性時代」に連載し始め、角川文庫化。この平井版がアニメ版の下地になる。平井のストーリーは拡《ひろ》がり続け、ライフワークのように発表し続けた。『幻魔大戦』は『復活の日』の延長線上にある自分に課せられた使命だ、と春樹は捉《とら》え、製作当時こう語っている（角川書店「バラエティ」一九八二年十二月臨時増刊号）。

自分は「ノアの方舟《はこぶね》」のノアです。大救世主になれませんから、自分に縁のある人達だけをピックアップして救えばいいと思っています。自分の中に一つ終末論がありまして、地球全体が破壊してもかまわないと、今は思うようになりました。
自分は「復活の日」で、一度メッセージを送りました。南極大陸をノアの方舟にみたてたわけです。ところが、「幻魔大戦」をやると決めた去年くらいからは逆に「滅びるべし」と思うようになったんです。これは、マイナスの意味ではなくそこから立ち直らない限り地球は再生しない、出来ないんじゃないか！ということなんです。悪い種子は刈るべきです。「幻魔大戦」の映像化は、自分のメッセージです。これで救われなくても仕方ない、自分は自分なりのメッセージを伝えたぞ！といったものですけどね。そして、これはアニメーションでなければ、広がりを持たないと思っているわけです。

製作にあたって、春樹はプロダクションとの提携も模索したが、フリーランスのアニメーション監督に一任する。りんたろう監督だ。十七歳で東映動画に入社して『白蛇伝』の彩色から始め、アニメーターに。手塚治虫が創立した虫プロダクションへ移籍し、『鉄腕アトム』を始めとする数々のテレビアニメを演出後、独立。一九七九年には劇場版『銀河鉄道999』を青春の冒険ロマンとして描き上げ、配収十六億五千万円を記録。この年の邦画一位となった。

「『銀河鉄道999』を観て、りんさんに決めました。愛という大きなテーマを、現代的な感覚で演出できる監督です。確かあの頃、長野の山奥に住んでいて家にテレビもビデオもないと言っていましたが、音楽センスも鋭く特異な才能の持ち主でした。『幻魔大戦』のキース・エマーソンの起用もとても新しかった。賛美歌風のイメージをシンセサイザーで表現してね。この映画のあとも、りんさんとは続けて一緒に仕事をすることになりました」

りんたろうは春樹からラブコールをもらったときの高揚感を、こう語っている（『PLUS MADHOUSE 04 りんたろう』キネマ旬報社）。

（略）自分にとって大きかったのは、角川春樹が初めてアニメに挑戦するって事だった。その春樹さんの情熱みたいなものを感じたんだ。春樹さんは、僕と同世代でね。これは面白い事ができるんじゃないかと思った。

あの人はもう実写では「犬神家の一族」（七十六年）を初めとして、何本も作品を手がけていた。それが、まるで世の中に対して、爆弾を投げているみたいでね。僕から見ても、やる事なす事が爽快《そうかい》な感じだった。その春樹さんが「自分もアニメーションをやって、ディズニーを凌駕《りょうが》したい」というような事を言うんだから、こちらとしては「大賛成！」って感じだった。だから、角川春樹がアニメ界に波紋を起こすにはどうしたらいいだろうか？　というところから、攻めていった。

だったら、キャラクターは石森章太郎ではないだろう。そう思った時に、ふっと出てきたのが大友克洋《おおともかつひろ》だった。（※「石森」は「石ノ森」の改名前の苗字）

製作費を託されてアニメのスタッフ集めを一任されたりんたろうは、虫プロ時代の盟友・丸《まる》山正雄《やままさお》が率いるマッドハウスに協力を求めてスタジオを用意し、自らの会社プロジェクトチーム・アルゴスを立ち上げた。キャラクターデザインに、ブレイク前の大友克洋を起用する発想は画期的だった。すでに大友は若者の間でカルト的な支持を集めていたが、漫画『気分はもう戦争』『童夢』『ＡＫＩＲＡ』が単行本化されるよりも前の話である。りんは大友が描いたイラストを持参して春樹に見せると、一発でＯＫを得た。緻密《ちみつ》な描き込みによるリアリズムで漫画の表現技法を一変させた大友によるキャラクターデザインは、アニメーションのリアリティにおける革命だったといっても過言ではない。リアリティというものをどのように考えていたのか、りんの興味深い言葉が残っている。（『マッドハウスに夢中!!』オークラ出版）。


大友くんも面白かったみたいで、半年くらいスタジオにこもってくれました。（略）あのキャラクターのおかげで、今までのアニメーションとは違う、という画面が作れたと思います。アニメといえども、ただの絵画ではないんですよ。あくまでもキャラクターが手前にいて、舞台なんです。舞台のリアリティ、光と影が絶対に必要なんですよ。リアルというよりもリアリティですね。大友くんとも意見が一致して、この主人公が履くものはなんだ、セーターはカシミアなのか、そういうことをアニメーターに要求していこうと決めました。

それと舞台となる美術。あくまでも見る人たちに現実と錯覚させるような美術が欲しい、ってね。（略）山手線とか、新宿副都心を夜中に歩いたりして取材してね。大友くんのキャラクターが、それにピタッとはまって行ったんですよ。

だからといって、別に僕はすべてをリアルにしたいわけじゃなくて、『幻魔大戦』という話の説得力を出すために、リアリティということが必要だったんです。

今のアニメがリアルになったのは『幻魔大戦』が引き金になったのかもしれませんね。


画《え》コンテ段階でトラブルが発生した。石ノ森章太郎のマネージャーが、映画化に待ったをかけてきたのだ。前述のように、りんがアニメ化に採用したのは平井和正の小説版だった。

「元々、石ノ森さんと平井さんの二人の共作ですから、著作権は両者にあるわけですよ。それに普通の共作なら、原作平井和正、漫画石ノ森章太郎で分担するところ、石ノ森さんはストーリーにもタッチしていたようですし。そのうえ、平井さんと石ノ森さんの関係もうまくいってなくてね。さらに映画化にあたって選んだキャラクターは、石ノ森さんのではなく大友さんの絵。これはどう考えても揉《も》めますよ。で、大友さんの絵でなければ降りる、とりんさんは言う。私は、石ノ森さんの漫画版で月が髑髏になるラストが強烈に印象に残っていた。しかし新機軸を打ち出すため、『角川映画が初めてアニメをやるなら、大友克洋の絵で！』というりんさんの主張に、私も全く同意見でした。だから解決していくしかなかった」

クレジットには〈製作・原作：石ノ森章太郎〉と表記されている。

「とにかく映画に石ノ森さんの名前は出さなければいけない。結果的に、角川書店で発行していた平井和正版『幻魔大戦』シリーズの途中から、平井さんの印税の半分を石ノ森さんに支払うことにしたと記憶しています。そういう形を取るしかなかったんです」

また、文庫版の表紙に大友のイラストを使用すると、今度は平井から「主人公の顔つきが険悪だ」というクレームが付いたという。りんたろう発案による、漫画の革命児のアニメ・デビューにはこうした障害があったが、春樹の処置によって事なきを得た。そして、角川映画のオムニバス・アニメ『迷宮物語』（一九八七）などの監督を経て、大友克洋はアニメーション映画史に燦然《さんぜん》と輝く監督作『AKIRA』(一九八八)を生み出すことになる。

『幻魔大戦』の配収は十億六千万円で、この年の邦画ランキング八位。実験的な要素も多分に含んだ尖《とが》った作品でありながら大健闘といえる。翌八四年、徳間書店が長編アニメーション映画に参入し、宮崎駿監督作品『風の谷のナウシカ』を公開する(翌八五年、スタジオジブリ設立)。子供向けではないアニメーションが日本映画を牽引《けんいん》し、ひいては世界へと羽ばたいていく上で、春樹は『宇宙戦艦ヤマト』のバトンを受け、次なるステージへと押し上げた。

その後春樹は、『少年ケニヤ』(監督：大林宣彦／八四年)、『カムイの剣』(監督：りんたろう／八五年)、『時空《とき》の旅人』(監督：真崎守《まさきもり》／八六年)、『火の鳥 鳳凰《ほうおう》編』(監督：りんたろう／同年)、『迷宮物語』(監督：りんたろう、川尻善昭《かわじりよしあき》、大友克洋／八七年)と、八〇年代後半にかけてアニメーション映画を毎年製作した。さらに、春樹以後の新角川映画にとって、アニメ・ビジネスは、メディアミックス展開の重要な柱になっていく。

新興宗教ブームへの不本意な影響

想定外の波及効果もあった。いや、春樹にとっては不本意な影響と言い換えたほうがいいだろう。キャッチコピー〈「ハルマゲドン」接近〉が明確に打ち出しているように、本作の世界観は濃厚な終末思想に裏打ちされており、八〇～九〇年代の新興宗教ブームに少なからず影響を与えてしまった事実は否めない。

「新宗教の萌芽《ほうが》や終末思想は七〇年代からありましたが、それまで〈ハルマゲドン〉は決してポピュラーとはいえない言葉でしたよ。新約聖書の巻末のひとつ、ヨハネの黙示録に登場する世界最終戦争。何らかの災厄によって二十世紀末に人類は滅ぶと解釈できたわけです」

五〇～六〇年代の高度成長期に生まれ育ち、政治の季節を通過した八〇年代の若者たちは、宗教的なるものやオカルト的なるものへの傾倒を強めていく。「ノストラダムスの大予言」が警告する一九九九年の人類滅亡に不安を抱き、放射能汚染で滅亡寸前の地球を救う『宇宙戦艦ヤマト』に熱狂した、いわゆるサブカルチャー世代だ。『幻魔大戦』に感化されたのも、同じ世代の若者たちである。本作公開の翌年、「一九九九年のハルマゲドンを生き延び、次なる時代の導き手」を目論《もくろ》んで、麻原彰晃《あさはらしょうこう》が率いるオウム真理教の前身が結成されている。

ハルマゲドンについて解説した平井和正の言葉を引用しよう（劇場プログラム）。

> （略）ハルマゲドンとは、決して空想的なものではなく、どこかよその世界で展開される破滅物語でもなく、常住坐臥《じょうじゅうざが》、我々の内宇宙でも繰り広げられる光と闇《やみ》の相克《そうこく》であることを、憶《おぼ》えておいていただきたい。数十億人のハルマゲドンが集中固定化した時、巨大なハルマゲドンは内宇宙を出て、現実のうちに現象化して行く。

それはたとえば、この映画において警告されるような地質的大変動の形態を取ることになるかもしれない。あるいは核戦争の悪夢の具象化として現れるかもしれない。

いずれにせよ、各人の小さな「ハルマゲドン」はもはや始まっているのである。あなた自身の「ハルマゲドン」がやがて自分自身の内宇宙を超えて、他者のそれと合流し、現実世界を舞台となし、大きく育って行く。ちっぽけな龍の落し子が、いつか巨大な悪竜として成長して行く悪夢が、現象化されることになる。「幻魔大戦」とは、その小さな内宇宙についての物語でもあるのだ。

後年、平井和正はある告白をしている。七〇年代後半に、新興宗教と関《かか》わりをもって心酔し、教祖の著書執筆に協力した後、離脱していたのだ。その教団はＧＬＡ。『幻魔大戦』シリーズが、中盤から教団内部の軋轢《あつれき》を描くなど、より宗教色を強めていったのは当然のなりゆきだった。ＧＬＡは、オウム真理教や幸福の科学の誕生に大きな影響を与えていた。

世紀末を目前に控え、時代の熱病のように猛威を振るった終末思想。小松左京が六〇年代に著わした『復活の日』のモチーフである「終末」との共通項を見出し、『幻魔大戦』を手掛けた春樹は公開当時、自らこんな予言を告げている（『試写室の椅子』角川書店）。

建国記念の日に浴びた滝の霊力によって、私は、「幻魔大戦」が公開された三月十三日から

十二月三十一日の間の、今年生れる少年の中に東丈は実在し、その少年が数えで十六歳を迎えた時、その時、地球はハルマゲドンに突入するというインスピレイションを受けたのだ。滝を出たあと、車の中でしきりに年数を確認してみると、それが一九九九年に該当すると解《わか》って愕《がく》然《ぜん》となった。ノストラダムスの大予言は、結果的に、私の予兆と一致したのである。

（略）この「幻魔大戦」が公開された時、日本中に、己の魂に、霊性に目覚める少年少女たちが数多く出現するであろう。（略）私は他の何よりも確信を持って、そのことを予言できるのだ。

「確かに予言しました。しかし世界の終わりは来なかった。マヤ文明における最期の日という予言も成立しなかったわけですね。ただし、それを回避できたのかもしれないし、東丈の生まれ変わりもどこかにいるかもしれない」

世界は、邪悪なるものを打ち払いながら進んでいるという意味だろうか。

「それは言えると思うんです。マヤ暦はいい加減なものではない。予言が回避された可能性は十分ありうる。私は地震を食い止めたことがあります。一緒にいた者たちが体験していますから自信をもって言える。世紀末の危機がそういう力で回避されたのかどうかはわかりません。また、これはすべてを明かせませんが、『幻魔大戦』の頃、私は闇の力に闘いを仕掛けられ、体に妙な胞子ができるという体験もしています。信じがたいことですが、事実としてね」

一九九五年、自ら霊性進化を遂げた救世主であると標榜《ひょうぼう》するオウム真理教は、人為的にハルマゲドンを引き起こすかのように「地下鉄サリン事件」の悲劇を起こした。

「オウムはニセモノですよ。麻原彰晃には会ったことはないけれど、あの時代に新宗教の教祖と名乗る者には大体会いました。全員ニセモノだった。会った瞬間、こいつは単なる動物霊だとわかる。ヨーガの世界には、修行して空中浮遊をできるホンモノはいます。麻原というか松《まつ》本智津夫《もとちづお》の周囲には、彼を見破ることができない者ばかりだった。既成の宗教に飽きたらない高学歴の連中が多かった。お布施をつぎ込んだ信者が親と論争しながら、『お父さん、目覚めて！』と叫んでいたじゃないですか。目覚める？　『幻魔大戦』のまんまじゃないかと驚きましたよ。あの映画の影響は明らかにあったと考えざるを得ない。よくない影響のほうが大きかったかもしれませんが、本当に新しいアニメーションが生まれたことは確かです」

知世独立と芸能プロ機能の廃止

八〇年代は角川映画激動の十年だった。プログラム・ピクチャー路線は、次代の日本映画を担う監督を育てる役割も果たしていた。前述した相米慎二や森田芳光、澤井信一郎を始め、根岸吉太郎（八三『探偵物語』）、井筒和幸《いづつかずゆき》（八四『晴れ、ときどき殺人』、八五『二代目はクリスチャン』）、崔洋一《さいよういち》（八四『いつか誰かが殺される』、八五『友よ、静かに瞑《ねむ》れ』、八七『黒いドレスの女』、八八『花のあすか組！』）らが、角川映画を撮影所代わりに力を発揮していく。質的低下を招いたと批判の矛先を向けられがちな角川映画だったが、深作欣二の『蒲田《かまた》行進曲』（八二）と和田誠の『麻雀《マージャン》放浪記』（八四）は、掛け値なしの名作となった。

製作にとどまらぬ動きも展開し、春樹は劇場経営や配給にも触手を伸ばす。

「映画館をやらないかという話を持ちかけられて、札幌《さっぽろ》に造ったんです。実験的にね。あの頃は、掛けるべき作品を大手配給会社が出してくれないわけです。興行を持続できなかった」

春樹が自社配給しようとする動きに対し、東映の岡田茂社長は「配給はわれわれの生命線。協力はできない」と容認しなかった。『早春物語』『二代目はクリスチャン』の二本立てで東宝・角川春樹事務所の共同配給を行ったが、それ以降、春樹は配給に手を出していない。

「いろいろなことを始めようとしていたのは事実です。ただ、配給に積極的に踏み込んでいこうとは考えていませんでした。しばらく東宝での配給が続きましたが、岡田茂さんとの人間関係がまずくなったわけでもない。その後の事務所創立記念パーティーでは、岡田さんも来場して祝辞を述べてくれましたよ。『天と地と』で東映とまた組んでいるしね」

薬師丸ひろ子引退の余波が起きた。一九八七年、『黒いドレスの女』を最後に、原田知世も独立したのだ。独立直後に彼女は、ホイチョイ・プロダクション制作のフジテレビ映画『私をスキーに連れてって』に主演し、スキー・ブームを巻き起こすヒットを放った。

「ひろ子が独立した時点で、本人にも意志はあったんだと思いますねえ。知世は、姉の貴和子とともにショーン・ハラダという事務所を作った。ひろ子のときと同じような動きがありました。要するに、私の事務所にいた男が画策をしていたようです。知世が去るときに一緒に辞めていきました。彼女の会社には入らない形でしたが、組もうと考えていたんでしょうね。もうすっかり嫌気がさして、芸能プロダクション機能をやめてしまおうと考え始めました」

知世の独立後、渡辺典子は主演予定作のヌードシーン問題などを契機に離れていく。

「まあ、ヌードシーンと言ってもね、大したものではなかったですが。渡辺典子の独立を最後に、役者を管理するのをやめようと。野村宏伸《のむらひろのぶ》には、他のプロダクションを紹介して移ってもらいました。その他の俳優は解雇。俳優を管理するのは別の才能ですね。一時的にプロダクション機能を持ったのは、自前の役者を抱えれば映画が撮りやすいという発想でしたが、いつしか所属俳優のために無理して映画を作るという方向へ向かってしまった。だから映画製作のあり方を切り換えたんです。もう一度、企画本位、作品単位でやっていこうと」

芸能プロ機能廃止後、八八年には角川春樹事務所を角川書店に合併している。

「一対一の対等合併です。事務所がやってきた機能を書店傘下の映画部に移行し、映画製作を書店で行うことにしたわけです。これには戦略があった。私が書店の株の過半数を獲《と》るための狙《ねら》いですよ。その時点で、角川書店の上場の準備を始めていましたから。最初は、角川春樹事務所の株式公開という可能性も考えましたが、やはり角川書店がすべてのコンテンツを保有し、映像の財産を持った状態で上場した方がいいと。それに事務所のスタッフは社員扱いではなかったけれど、角川書店の社員にしておけば、社会保障もできる。俳優に依存しない、本当にやりたい映画づくりがじっくりできると考えました」

そして春樹は、『復活の日』以来封じ込めてきた製作方針を復活させる。約十年ぶりに大作主義へと舵《かじ》を切ったのだ。背景には、好景気に沸く日本経済の後押しがあった。

Scene 11

カルガリーの死闘

『天と地と』で製作委員会方式を制度化

日本はバブル景気の只中《ただなか》にあった。一九九〇年公開の角川春樹四本目の監督作『天と地と』は、まずそのスケールから語らなければならない。製作費五十億円。今日の日本映画では到底考えられない金額だ。それを可能にしたのがプロデュース方法。企業から出資を募る形態は増えつつあったが、「製作委員会方式」が本格的に制度化されたのは本作が始まりだったと言われている。ただし現在のように、リスクを分散することを目的とし、業態に即した権利ビジネスを行うために出資社が参加する形式とはやや様相が異なる。世紀の祭典への〃ご祝儀〃のような投資という意味合いさえ感じさせ、同時にそれは、カリスマ・プロデューサー兼監督の権勢を示すことにもつながった。委員会の中心には春樹が君臨していた。

＊　＊　＊

一九八九年三月十五日、東京・元赤坂の明治記念館で大規模な製作発表会見が開かれた。主演の渡辺謙《わたなべけん》らキャストは皆、鎧兜《よろいかぶと》を身につけて本番さながら。五百人の報道陣を前にして、春樹は超大作への意気込みを語った。本作への出資企業は、なんと四十八社。そのうち、大口を出資する企業の社長たちも会見に登壇した。『天と地と』製作委員会の構成は次の通り。

フットワークグループ、日本テレビ、読売テレビ、読売新聞、バンダイ、ユニー、大昭和製紙、日本紙パルプ商事、ミサワリゾート、ＩＭＡＧＩＣＡ、伊藤ハム、インターリース、山一證券、三洋証券、日興證券、日本勧業角丸証券、和光証券、博報堂、佐藤工業、大王製紙、伊勢丹ファイナンス、東京放送、毎日放送、北海道放送、中部日本放送、ＲＫＢ毎日放送、三井リース事業、セコム、東映、朝日広告社、アサヒビール、日本テレワーク、東北新社、芝《し》翫香《かんこう》、みながわ製菓、三国コカコーラボトリング、テレビ岩手、宮城テレビ、テレビ新潟、テレビ信州、山梨放送、静岡第一テレビ、広島テレビ放送、信越放送、新潟放送、テレビユー山形、角川協力会、角川書店グループ（※以上、劇場プログラム掲載順）。

春樹は「お金を集めやすい時代だったことは間違いない」と振り返る。

「バブルが弾《はじ》ける前に、この映画は何としても実現したかったんですよ。まだ実写と見まがうようなＣＧがない時代でしたので、クライマックスの川中島の合戦シーンには非常にお金がかかる。一社につき一口一億円です。出資していただく企業のトップ一人一人に、私が直接会いに行きました。いかに文化的な意義があって、将来的にもお金が入ってくるかということを説明する。取締役会になんて諮《はか》らせない。さしの勝負です。その場で、私という人間に投資してもらうんです。最も多く出資していただいたのは、五億円のフットワーク。角川書店が株式公開を目論《もくろ》んでいたので、証券会社が五社入っています。ローカル局を含めテレビ局も何社か入っていますが、放映権料はこの出資額とは別です。結局何本かの角川映画をセットにして、地上波の放映権は十億円のＴＢＳ（東京放送）に。開局したばかりのＢＳ局ＷＯＷＯＷには、再放送数回分を含めて放映権三億円で売ったように記憶しています」

配給を担当した東映の洋画配給部・洋画興行部の部長だった原田宗親による、製作委員会方式黎明《れいめい》期に関する証言が、社史『東映の軌跡』に残されている。

『天と地と』では、出資会社が多く、毎月一回の出資各社の会議は東映の会議室で何度か開催されましたが、出席者が一〇〇名もいて手狭だったため、最後は外部の会議室を借りて行われました。その会議では、製作状況、および上映劇場ブッキングの経過、宣伝の状況、公開後の報告など、現在の製作委員会でなされているものとほぼ同じ内容の事柄が取りあげられました。

なぜこのタイミングで『天と地と』だったのか。原作は、史伝文学を復興させた直木賞作家海音寺《かいおんじ》潮五郎《ちょうごろう》が一九六〇年から「週刊朝日」に連載を始めた小説。モチーフは、室町の戦国時代に戦を繰り広げた甲斐《かい》の武田信玄と越後《えちご》の上杉謙信《うえすぎけんしん》のライバル関係。最大の戦「川中島の戦い」はつとに有名だが、それまで信玄側からしか描かれてこなかった。海音寺は、自らを戦いの神・毘沙門天《びしゃもんてん》の生まれ変わりと信じた謙信を主人公に据えた。一九六六年に角川文庫になった本作は、六九年にＮＨＫ大河初のカラー作品としてドラマ化されている。

「原作は角川書店に入る前に読んでいました。うちで文庫化されて売れたからという理由よりも、石坂浩二の謙信と高橋幸治の信玄で演じられた大河ドラマの魅力のほうが、映画化の動機としては大きいですね。東映としては七〇年代後半の『柳生《やぎゅう》一族の陰謀』以来、本格的な時代劇が途絶えていた頃でしたが、テレビでは八〇年代半ば頃から年末年始特番として大型時代劇が増えつつあったんですよ。私は監督三作目の『キャバレー』を撮った直後から、次に撮るなら時代劇にしたいという想《おも》いがありました」

テレビの世界で勢いづいていた渡辺謙を、主役に抜擢《ばってき》した最初の映画でもあった。

「渡辺謙は、うちの『結婚案内ミステリー』で渡辺典子と共演したあと、ヘラルドの『海と毒薬』でプロデューサーが選ぶエランドール賞の新人賞を獲《と》って、壇上に駆け上がる姿をよく覚えています。起用の決め手は、やはり彼が二十六〜七歳で主演したＮＨＫ大河『独眼竜政宗』ですね。『天と地と』直前には、ＴＢＳの大型時代劇『織田信長』にも主演していました。渡辺謙の肉体は、時代劇映画の大スクリーンに見事に映えると思っていましたから」

春樹が時代劇映画を撮る動機はもうひとつあった。かつて、試写会場で紹介されながらも握手を拒絶された、巨匠黒澤明への異常なまでのライバル心。

「というよりも、『影武者』という時代劇大作に対する大いなる疑問や反発です。そもそも馬の頭数は少ないし、合戦シーンは疎《おろそ》かで迫力に欠け、重要な史実も完全に無視している。あの映画には怒りとフラストレーションが湧《わ》いていていました」

本作のキャッチコピーは〈この夏、黒と赤のエクスタシー〉。

「甲冑《かっちゅう》も軍旗も、上杉勢は黒一色、武田勢は赤一色と決めました。その他の勢力も明解に色分けする。海外展開を念頭に置いていたので、敵と味方がはっきりと判別できる明快なビジュアルが必要だと考えました。子供でもわかる色彩感覚。そして重厚感は出すけれども、『汚れた英雄』以来私のスタイルとして確立してきたプロモーション・フィルム風に編集する。スピーディーにね。人間ドラマに照準を当てるのではなく、合戦絵巻としていかに美しく見せるか。それが狙《ねら》いでした。日本にはこれだけの壮大な絵巻の映画化はないので、海外の戦争映画をいろいろ参考にしましたよ。最も刮目《かつもく》したのは、ナポレオンのワーテルローの戦いの一日を描いた作品。夥《おびただ》しい数の兵士が登場していてね」

おそらくこの映画は、セルゲイ・ボンダルチュク監督の『ワーテルロー』（一九七〇）であろう。イタリアのプロデューサー、ディノ・デ・ラウレンティスがソ連のモスフィルムと組み、世界のマーケットを視野に入れて製作した大作だ。名将ナポレオンはロッド・スタイガー、ウエリントン卿《きょう》にクリストファー・プラマー、ルイ十八世をオーソン・ウェルズ。イギリス・オランダ連合軍およびプロイセン軍が、ナポレオン率いるフランス軍と激突した総勢二十万の大軍の戦いを、ソ連軍の全面協力で描き出している。

海外のスペクタクル史劇にも比肩する壮大な戦闘シーンを、一体どこで撮影するか。

「佐藤純彌監督の『敦煌《とんこう》』は、人民解放軍の協力で中国ロケしたと聞いていました。プロデュースした徳間康快さんが中国との友好に熱心でしたから。すでに温めていた『チンギス・ハーン』（のちに『蒼《あお》き狼《おおかみ》～地果て海尽きるまで～』として映画化）の下準備も兼ねて、当初は中国で撮ることを検討したんです。しかし私は、どうもあの国が信用できなかった。機材の盗難の問題を始めとして、いろいろトラブルが懸念されたのでね。それで国内の至るところへロケハンに行ったんですが、ピンと来る場所がない」

最終的に「川中島の戦い」のロケ地に決定したのは、カナダのカルガリーだった。

「『復活の日』のロケをそのすぐそばでやっていたんです。ロケーション自体は実際の川中島よりもやや大きかったけれど、ロッキー山脈を信州の山並みに、ボウ河を千曲《ちくま》川に見立てることができる。見下ろすと千曲川と犀《さい》川が合流する川中島の地形に非常に似ていて、雄大な大俯《ふ》瞰《かん》を撮影できる。合戦シーンは、馬とエキストラに懸かっていました。日本のエキストラはエネルギッシュじゃない上に、使える馬の頭数が少なすぎる。『影武者』の馬は二百六十頭だと言われていたが、国内で手を尽くして集めてもやはり四百頭以下にしかならなかった。それに当時、日本の馬のレンタル料は一日十万円もした。そうした問題点がすべて海外では解消されました。円高効果もありましたし」

カナダ・ロケに要した金額は約二十億円。馬は約千頭揃《そろ》えた。一頭あたり千ドルの馬を七百頭購入し、そのうち劇中の合戦シーンに不向きな馬百頭を手放して、残る四百頭はリース。購入した馬は撮影終了後、一頭五百ドルで売った。甲冑を着けたエキストラは三千三百人。そのうち日本から渡ったのは三百人、現地カルガリーで調達したのは三千人だ。

「面と兜を付ければ西洋人とわからない。でも彼らは首が長くてねえ、赤や黒のバンダナを付けさせてカモフラージュしたんですよ（笑）。衣装デザインは、カルガリー冬季オリンピックの開会式のコスチュームデザインを担当したウェンディ・パートリッジに依頼しました」

カナダ・ロケは一九八九年八月五日から一ヵ月半の日程だった。撮影序盤は、両軍勢が激突するロングショット。三千以上の兵や騎馬を動かすために、当時としては画期的なコンピュータ・シミュレーションを導入した。撮影前夜、ワンブロック二百名の部隊ごとに、どう配置してどう動かすか、合戦シーンを決めていく。

「しかし、いざ現場に入ると変えたくなってしまう。一度変えると、修正に三時間かかるなんてことはざらでね。でも、画《え》コンテでイメージを固めてしまうと完成した画がつまらなくなってしまうのと同じで、あらかじめ動きを決めてかかってもダメですね。映画の気合いのようなものが死んでしまう。その場の感性で決めていったほうが、画は生きるんです。度重なる変更に助監督たちが疲弊して、遂には反旗を翻し、現場を放棄する問題まで起きました。だから助監督なしで撮影を行った日もありますよ。まあ、コンピュータは役に立ちませんでした」

白血病による渡辺謙の主演降板

そして「川中島の戦い」の一騎打ちの前に、誰も予期せぬ死闘が訪れた――。渡辺謙の出身地は、謙信と同じ越後こと新潟県。下の名「謙」は、父が上杉謙信の名から取ったという因縁もあって、武田信玄に憎しみさえ抱いていると標榜し、運命的な役柄への思い入れも一入《ひとしお》だった。すでに日本では、満開の吉野の桜のシーンなどの撮影を春先に終えていた。カルガリー入りしてからの謙は、乗馬で出来た痣《あざ》がなかなか治らないという体調変化に始まり、八月七日頃になると、今度はもののもらいができた。そこから先の急転直下のドキュメントは、渡辺謙自身の言葉から引用しよう。（「現代」講談社　一九九一年八月号）

（略）右のまぶたの上にできたものもらいが何日たっても治らない。

　そのとき撮影はまだ大軍の進撃といったようなロングの絵が主体の段階でしたから、早いうちにものもらいを治しておこうということで、カルガリー市の郊外にあるフットヒルズ総合病院というところへいったのです。

　そんな軽い気持ちでいったわけですが、簡単な切開手術と血液検査を受けると、ドクターが「結果が出るまで二日間入院しなさい」という。二日ぐらいなら、とまだ軽い気持ちでその病院に泊ったところ、翌日になるとこんどは、「病棟を移ります」と。その移された先が、キャンサー（ガン）・センターでした。

　これはどういうことだ、と思いました。ぼくにはまったく事態が呑《の》み込めない。そんな状態のなかで、入院二日目に血液検査の結果が出ました。それをもってドクターがきたんです。ドクターは最初、気さくな調子で野球の話などしてから、「きみはリュキーミアとわかった。いまから骨髄検査をする」と。何か重大なことらしいが、英語の専門用語ですから、よくわからないわけです。

　そこで、ついてくれているマネージャーの持ってきた辞書を引くと、「白血病」とある。その活字がぼくの頭のなかにガガーンと飛び込んできた。ほんとに頭のなかで音が爆発したみたいに……。

（略）ぼくはとっさに「いつまで生きられますか」と聞きました。恐怖で、反射的に。するとドクターは、「このままの状態で映画を続ければ、完全に生命を保証できるのは一ヵ月。だが、いますぐ仕事をやめて苦しい治療に耐えるなら、完治する望みはある」と。そして「とにかく一ヵ月間はこちらで治療を受けなさい」というのです。

発症したのは「急性骨髄性白血病」だった。しかし自覚症状がないため、当初、撮影は続行できるのではないかという微《かす》かな希望を抱いていた。見知らぬ土地での生命に関《かか》わる火急の事態。一体どんな決断を下すべきか。渡辺の胸中は言うに及ばず、巨額の資金を集めて全権を握る指揮官春樹の苦悩は想像を絶するものがある。カルガリーでの当惑と苦渋を伝える岡田裕プロデューサーの言葉が残されている（「文藝春秋」一九八九年十一月号）。

監督と僕と謙君の三人。じっくり話し合いました。なにしろ、撮影総予算五十億円の大作です。白血病は、それこそ生命の保証のない難しい病気です。体力的に、だましだましやったほうが、本人のためにもいいのか、ということも話し合いました。

（略）治療に命を賭《か》けるんだったら、俳優として、これだけの大作に取り組んでいるんだから、自然治療でだましながら、映画をやり遂げることが大切なことなんじゃないか。そして精神的に闘っていくことで、白血病との闘いにもプラスがあるんじゃないか、監督はそんな風に考えた末、「挑戦してみろ」と言いました。僕も同じような考えだった。

彼も白血病を宣言された初日、二日目あたりまでは「何とかこの映画だけは乗り切ろう」「治療しながら映画をやっていこう」と思っていたのです。ところが二日目に、医者から脳への影響を指摘された。

「本当にかなり危険な状態なんだよ。今は身体はちゃんとしているけれど、血の中だけを見ると非常に悪いんだ。その血が脳の中を冒していくのが、一番危険なんだ」

ハッキリ言うんです。さすがに謙君も、本格的に治療していかざるを得ないと思ったようです。

そして結局、いちばん常識的な判断に落ち着いたのです。非常に高齢な老人とか、病気を何度も経験してきた人だったら、「よし、一か八《ばち》か、そっちに賭けよう」と言えたかもしれない。ところが、人並みはずれて元気だった、まだ二十九歳の謙君に「よし、これで生涯を賭けてみろよ」とは誰もいえませんでした。

対策は速やかに進められた。日本国内で、乗馬が得意な身長一八〇センチ以上の代役探しの手配が行われ、春樹が東京へ一旦《いったん》戻った日に、成田空港近くのホテル日航成田で記者会見をセッティング。一九八九年八月二十八日、白血病により主役渡辺謙の降板を発表。同ホテルで代役の緊急オーディションを行い、榎木《えのき》孝明《たかあき》を抜擢することもアナウンスされた。

「愕然《がくぜん》としたけれど、私はなるべく顔には出さないようにしていました。できれば渡辺謙で最後まで撮りたかった。撮影の一年半前から人生観の教育から始め、二人で役づくりを行っていったんです。謙信が信仰していた毘沙門天の霊場である奈良県の信貴山《しぎさん》朝護孫子寺《ちょうごそんしじ》玉蔵院《ぎょくぞういん》にも、謙と一緒に行きましたよ。謙信の自然観や死生観まで謙は身につけていった。謙信になりきっていました。そして謙は、私の分身だった。ときどき、あの準備の頃から撮影を始めておけば発病前に撮り終えられたのに、などと考えたりすることもありますよ。謙以外に私がイメージする謙信を演じられる人間はいない、と今でも思っています」

実は緊急オーディション前の段階で、春樹はある俳優の名を挙げている。ハリウッド・デビュー作『ブラック・レイン』の公開を控えた、盟友・松田優作を代役に望んでいたのだ。しかしスケジュール上、急遽《きゅうきょ》カルガリーへは飛べない。それだけではなかった。この頃優作は、周囲に伏せて膀胱癌《ぼうこうがん》と闘っていた。この年の十一月六日、優作は四十歳で亡くなってしまう。

渡辺謙は、約一年の闘病の後、治療を続けながらも奇蹟《きせき》的に俳優業に復帰する。彼自身の生命力に加え、春樹の祈りも通じていたようだ。

「撮影を終えてから、ずっと祈りを捧《ささ》げていたんだよと伝えると、謙が『知っていました。毘沙門天が病室に飛んでいるのが見えました』というので、ビックリしました」

治療が終了した一九九三年、渡辺謙は『炎立《ほむらた》つ』でNHK大河二度目の主演俳優として完全復活するが、翌九四年に再発。再治療を行って翌九五年再び復帰を果たした。

その後春樹には、渡辺謙に関する感慨深い出来事が二つある。

ひとつは、一九九八年十月にフジテレビ系列で放送されたドキュメンタリー番組『大カナダ心の旅』で、謙がカナダを訪れたときの映像だ。スタッフから事前に知らされていなかった

『天と地と』のロケ地へ連れて行かれ、カナダの大草原を見下ろした彼は、「閉じていた記憶のシャッターがパーンといきなり開いたみたいな気がして……」「夢が消えた場所ですから……悔しかったですから」と言ったまま絶句してしまった。その瞬間について、謙はこんな言葉を残している（「アエラ」朝日新聞社出版本部　一九九九年十二月六日号）。

「僕はわりとバランス感覚があって、反省はしても後悔しないのを信条にしてきたつもりなんです。でも実際はそうじゃなく、凄《すご》く抑圧したものが自分の中にあったと、あの時初めて気づきました。迷惑をかけた映画のスタッフに遠慮があったし、主役降板を悔しく思うこと自体が悔しかった。そんな想いをこの十年間、無意識に自分の中に封印してきたんですよね……」

もうひとつは、二〇〇七年二月の第三十回日本アカデミー賞授賞式。病魔と闘う主人公が自身に重なる『明日《あした》の記憶』（二〇〇六）を自らプロデュースし、主演も務めた渡辺謙は、初の同賞最優秀主演男優賞を受賞。『天と地と』降板後の病院のベッドの中で、「絶対にこの賞でスピーチをしたい。何度それをイメージしたかわからない。それが今ようやく実現しました」と受賞の喜びを語り、感極まった。その光景を、春樹は授賞会場で見守っていた。『男たちの大和／YAMATO』のプロデューサーとして式に出席していたのだ。

その頃の渡辺謙は、トム・クルーズ主演作『ラスト　サムライ』（二〇〇三）によってハリウッドで大ブレイク。アカデミー賞助演男優賞にノミネートされる栄誉に浴し、その後は戦争映画『硫黄島《いおうじま》からの手紙』（二〇〇六）やブロードウェイ・ミュージカル『王様と私』（二〇一五）に主演するなど、押しも押されもせぬ日本を代表する国際派スターへと成長した。

「今のような存在になると確信していました。肉体的な存在として世界的なステージで闘える役者になるはずだと、私はいち早く見抜いていました」

前売券ビジネスという興行保証

当初、配給は東宝の予定だったが、クランクイン後に東映に変更された。『ねらわれた学園』の配給契約のときと同じように、またもや掟破《おきてやぶ》りが発覚し、春樹は激怒したのだ。

「『天と地と』は勝負を懸《か》けた超大作です。東宝の考え方は次元が違った。八月いっぱい邦画系に出すということで了承していたのに、その後、新聞発表で別の作品を邦画系に予定していることを知ったんです。約束が違うのでこれではとてもやっていけないと」

春樹から事情を聞いた東映岡田茂社長が、配給を引き受けた理由は、いかにも両者の関係性を表わしている（文化通信社編著『映画界のドン　岡田茂の活動屋人生』ヤマハミュージックメディア）。

（略）その時決めたのは、角川社長にね、かつての狂気、あれ以上のものが出ているな、見極めたからなんだね。もういっぺん教祖になれると――まあいったん力を失うと再び往年のパワーは甦《よみが》えらないということだが、角川社長のいまこの狂気は例外だと、本物だと見抜いたわけだよ。いずれにしてもこの狂気の生きている限り「天と地と」は必ず来るぞと、その時、お互の勝負は決まったんじゃないの――。彼は前売り500万枚売るという……誰もが首をかしげるわな、そこから、ただならぬ狂気発露してるんだよ。

この頃、映画興行にとって特別鑑賞券の大量購入による〝前売券ビジネス〟が欠かせないものになっていた。何も角川映画の専売特許ではない。古くは、池田大作原作の映画化『人間革命』（一九七三）、『続人間革命』（一九七六）の前売券を創価学会が大量購入して学会員へ販売し、それぞれ配収十一億九千万円、十六億円を上げて、その年の邦画興行を牽引《けんいん》する大成功を収めた。その後、作品そのものの動員力はともかく人間関係のしがらみを活用し、あらかじめ興行を支える保証システムとして拡大していった。巨額の製作費をかけた大作映画になればなるほど、リクープを考慮して出資を募る時点から前売券ビジネスは始まる。バブル期前後には、その枚数が大量になって、押し付け販売が激化していくという問題が発生。売り捌《さば》いたものの金券ショップに横流しされ、売れ残った作品の前売券はさらに値引きされていく。

そんな前売券ビジネスの頂点に位置したのが、五百万枚が動いた『天と地と』である。

「前売券に関しては、出資を募るときに同時に買ってもらうこともありましたが、それ以外の会社にも私が自らお願いに行きました。私と会った人は少なくとも一万枚、一緒に飯を食ったら十万枚買ってもらう。銀行の支店長にも買ってもらいましたよ。すると、次長クラスが前売券をあちこち売って歩いてね。どこの企業も宣伝費や福利厚生費で落とせるわけですから。あとはその企業が、宣伝プロモーションに使うこともできるし、ノベルティにもできる。従業員の厚生費として落とすこともできます。もちろんこの数字は、興行収入に換算されます」

五億円出資した物流サービスのフットワーク（現・トールエクスプレスジャパン）は百万枚の前売券を引き受け、顧客に販売して回った。当時の前売券は千三百円。製作費五十億円の本作は九百万人動員してとんとん、一千万人が観《み》ても百万人分の利益しか上がらない。

配収は五十一億五千万円だった。数字上はヒットしているのに、劇場によっては閑散としているという現象が散見されたとも言われた。作品内容的には、壮大なカナダ・ロケを評価する声は多かったが、「人物描写が希薄」「渡辺謙が主演ならば」といった批判も目立った。

「人間ドラマを描こうとしたのではなく、あくまでも戦国絵巻エンターテインメントを狙ったのに的外れな声は残念。確かに公開時の利益を考えれば成功とは言えない。でも長年に亘《わた》る地上波や衛星放送の放映権、ビデオ化権、ディスク化権などで十分回収しているはずです」

公開時、製作費五十億円に対して配収五十一億五千万円と伝えられ、配収はかろうじて製作費より一億五千万円上回ったと一般的には認識された。しかし〇七年発行の社史『全てがここ

から始まる　角川グループは何をめざすか』によれば、総製作費五十二億円。配収は製作費に五千万円届かなかったと公式に残されているのだ。これがリアルな数字なのだろうか。

シネコンの時代になり座席のネット予約が普及した今、前売券の大量購入というシステムはほぼ消滅している。よく槍玉《やりだま》に挙げられた春樹に、改めて功罪を問おう。

「私も前もって条件づけられた方の立場でしたよ。例えば、東宝配給のある作品の場合、松岡功さんは『五万枚の前売券を買って下さい』と言ってきました。なので私は、十万枚以上売り捌いた。大手映画会社は、われわれ制作プロダクションに作品を掛けさせる代わりに、保証を求めた。そうしないと映画館自体が成り立たない時代だったんです」

原始的で無謀なシステムだったのかもしれない。では現在、メジャーの日本映画は作品力によってのみ勝負しているか。いや、前売券ビジネスに代わるものが存在する。「発行部数・数百万部のコミック」の映画化という形態は、あらかじめコミック読者の動員を目論むことで企画が成立する、現代の興行保証システムといえるのではないだろうか。

春樹は『天と地と』を「世界戦略のスタートライン」と考えていた。だが今回も、分厚い壁に阻まれ海外展開は思うようにいかなかった。本作以後、社内の歯車も嚙《か》み合わなくなる。

兄弟の対立と突然の逮捕

バブル崩壊は一九九一年から徐々に始まったとされるが、その頃春樹は、アメリカで制作プロダクションを興して、再びハリウッド市場進出および全世界配給に挑んでいた。スタッフとキャストをオール・ハリウッドで手配するミステリーサスペンス『ルビー・カイロ』である。原案・脚本ロバート・ディロン（『フレンチ・コネクション2』）、監督グレーム・クリフォード（『女優フランシス』）、ヒロインにアンディ・マクダウェル、共演はブレイク前のリーアム・ニーソン。しかし予定していた大手配給会社との契約はスムーズに運ばず、三十億円以上にのぼる製作費の回収は難航した。すでに動いていたハリウッド進出第二弾『恐竜物語』も暗礁に乗り上げ、同時にブロードウェイ・ミュージカルへの進出も惨敗に終わっている。

一九九二年、角川書店の経営をめぐって兄角川春樹と弟角川歴彦の対立が表面化する。斬新な発想と大胆な実行力による春樹のリーダーシップと、手堅い歴彦のビジネス感覚。その両輪によって牽引されてきた組織のパワーバランスが、音を立てて崩れ出したのだ。この年の九月、副社長だった歴彦は退社することになる。

のちに角川書店に返り咲いた歴彦が、角川グループホールディングス会長兼ＣＥＯになって編纂した社史『全てがここから始まる　角川グループは何をめざすか』（佐藤吉之輔著）から、二人の軋轢《あつれき》の要因となった問題点に関する記述を引用しておこう。

（略）九二（平成四）年二月頃、社長の春樹が、かねて望んでいた角川書店の株式公開の話を持ち出す。が、角川映画に関わる多額の投資で、負債は一八〇億円に嵩《かさ》んでいる。歴彦は、まずその負債の解消が先決と判断、角川書店で五〇億円、自分が社長を務めるザテレビジョン、メディアオフィス二社からの支出三〇億円で、負債を圧縮しようと申し出た。

（略）春樹は自ら監督の任に当たるなど映画の世界へののめり込みを強めている。歴彦はそれによる経営の隙《すき》を埋めつつ、ザテレビジョン、東京ウォーカーなど新事業の開拓に努めていたが、映画製作に惜しみなく注ぎ込まれる莫大《ばくだい》な費用が、経理を圧迫し始めている。

また、「文藝春秋」一九九三年十二月号に掲載された歴彦の手記でも「基本的な対立の原因は、巷《ちまた》に伝わっているように、百八十億円の負債にあったことは事実」と言及している。

「確かに『ルビー・カイロ』で、今度こそハリウッドに進出したいという意志がありました。しかしこれは、明らかに私の判断ミスだった。またしても、現地のユダヤ系悪徳プロデューサーたちに手玉に取られてしまった。『復活の日』や『天と地と』のときと同じ目に遭ったわけです。市場に入り込む余地を与えない。売上が入って来ないという異様な状態。現地で告訴しました。しかしその後、私が退いてから、おかしなことに訴えた相手に対して角川側がお金を払う形で和解している。何が起きていたのか私には不明のままです。社史や歴彦の文章にある『負債百八十億円』という数字は、一体どのように作り上げたんだろうな。いくら何でもありえない額でしょう。毎年決算で処理していくわけで、そんなに膨れ上がるわけがない」

どんな企業の社史も、時の経営者の意向に基づき、勝者の視点でまとめられた歴史書である。いかに現体制が正統な権力であるかを示すための物語という側面はあるのだろう。

一方、第三者の視点から書かれた角川文庫『角川映画　1976‐1986［増補版］』（中川右介《なかがわゆうすけ》著）は、角川映画最盛期の十年間を中心に丹念な調査に基づいて記述したクロニクルの労作だ。だが春樹は、自著『わが闘争』を引用された次の記述に反応した。

（略）春樹は瀬島龍三《せじまりゅうぞう》と歴彦と三人で瀬島の事務所で会い、「両者の言い分を聞いてくれた瀬島さんが、歴彦に『辞めなさい』と引導を渡してくれたのである」とも書くが、さて、それでは「取締役会で追い出す」必要もないわけで、矛盾する。

歴彦は、春樹を「追い出そう」などと思ったこともないと否定している。

「〝矛盾する〟？」と、春樹の表情はにわかに険しくなり、「私の時代の角川映画について書いた本でも、この件になれば勝者の視点になるんだな。怖い話だ」と声を荒らげた。

ここに登場する「瀬島龍三」とは、政財界に多大な力を持っていた人物である（経歴は〈シーン12〉の238ページに詳述)。

「勝者には都合の悪い事実も、改めて残しておいた方がよさそうだ。まず、暦彦が私を追い出すという画策を取次や書店などに話しているという情報が聞こえてきた。それを知りながら私は、あえて暦彦を副社長のポストに就けた。それでも、暦彦が取締役会で叛乱《はんらん》を起こして私を追放しようとする話が伝わってきたので、こちらの方から先に取締役会で暦彦を追放しました。それに、瀬島裁定を仰ごうと言い出したのは暦彦の方です。私は了承した。瀬島さんはわが家と交流がありましたが、なぜ瀬島さんだったのか。暦彦が裁定を提案した背景には、その少し前に起きたフジサンケイグループのお家騒動の一件があったんです」

一九八八年、ニッポン放送やフジテレビ開局の立役者だった実業家鹿内信隆の長男、春雄議長が四十二歳にして急逝。信隆は、引き続き鹿内家がグループの実権を握るべく、急遽、日本興業銀行の銀行マンだった宏明を養子縁組して議長代行の座に就ける。九〇年、信隆が亡くなり、宏明は議長に就任した。すると求心力を失った鹿内家をめぐって、グループの内紛が勃発。派閥争いが激化しクーデターが画策され、結果的に鹿内宏明は議長の座を追われた。

「取締役会の前に鹿内宏明は、産経新聞社長だった羽佐間重彰《はざましげあき》、フジテレビ社長だった日枝久《ひえだひさし》とともに、冷静な判断を下す瀬島龍三さんの裁定を仰いだという事実がありました。瀬島さんは宏明に『君、辞めなさい』と。ただし議長は辞めてもいくつかのポストを与えてね。これに倣《なら》って暦彦は『瀬島裁定を仰ごうじゃないか』と言い出したわけです。瀬島さんは私と暦彦の双方の声に耳を傾けた。そのとき歴彦は『雑誌部門だけは自分にくれないか』と言ったんです。瀬島さんは『それはない。もし君が会社を興すなら全面的に支援する。ただ、君は角川書店を辞めなさい』と歴彦に言い渡したわけです。その裁定を受けて歴彦は納得し、会社として取締役会の正式な手続きをとって辞めてもらった。〝矛盾〟でも何でもない」

当事者双方の声に耳を傾け、多面的に事実を見つめることで、第三者は真相に近づくことができる。副社長退社によって騒然とした翌年、角川書店にさらなる激震が走った。それはあまりにも衝撃的な展開だった。

一九九三年八月二十九日、角川春樹社長は、麻薬および向精神薬取締法違反と関税法違反の疑いで、千葉県警保安課と東京税関成田支署によって逮捕された。

大ヒット公開中だった春樹五本目の監督作、夏休みのファミリームービー『ＲＥＸ　恐竜物語』は、上映九週目にして打ち切りの憂き目に遭う。それでも配収二十二億円を記録し、この年の邦画二位を記録。

こうして『犬神家の一族』から始まった角川春樹映画激動の歴史は、十七年目にして一旦幕を下ろした。春樹は辞任届を提出し、会社に復帰した歴彦が社長の座に就くことになった。

Scene 12 大和の奇蹟

姉に執筆を勧めた『男たちの大和』

千葉南署留置場と千葉刑務所拘置所での拘置生活は一年三ヵ月半に及んだ。容疑を否認し続けた春樹は、一九九四年十二月十三日に保釈金一億円で保釈。「俺は更生しない。反省もしない」と、最後までスタンスを変えなかった。翌九五年三月二十日、歴彦からの求めに応じ、角川書店の持ち株をすべて売却（同社は九八年十一月、東京証券取引所市場第二部上場）。九六年十月一日、出版事業を主軸とする新生・角川春樹事務所を設立し、活動を再開した。そして九七年、自らメガホンを執ったモノクロの小品『時をかける少女』で映画製作に復帰する。

しかし法廷闘争では、二〇〇〇年に懲役四年の実刑判決が確定。収監前に胃癌《いがん》が発見され、春樹は胃の四分の三を切り取ることになり、腸閉塞《ちょうへいそく》も患った。〇一年十一月五日に東京拘置所に収監され、八王子医療刑務所で服役後、〇二年七月十九日には静岡刑務所の独房に移管。屈辱的な地獄の日々を、俳句を創《つく》り続けることで精神の充実を損ねることのなきよう心掛けたという。模範囚として通したが、刑期が半減されることはなかった。最高裁まで争ったことに対し、検察は反省とは裏腹の態度と受け取ったのだろうか。仮釈放は二〇〇四年四月八日。その日は灌仏会《かんぶつえ》、釈迦《しゃか》生誕の日だった。春樹は六十二歳になっていた。

手足をもがれるような二年五ヵ月と三日間の獄中の身を、自嘲《じちょう》気味に「海鼠《なまこ》」に喩《たと》えながらも、春樹は、精神の無頼性こそがモットーであることを再認識した。これからは慈悲の心をもって友情を大切にして生きていく――。そう心に誓い、収監中に励まし続けてくれた姉への恩返しとして実行に移したのが、『男たちの大和』の映画化である。

それは、姉である作家辺見《へんみ》じゅんが、沈没した「戦艦大和」の百人の生存者たちに丹念に取材を重ね、三千三百三十三名の男たちを乗せて沖縄への特攻に出撃した過酷な戦いと、若き兵士たちの人生を描いた鎮魂の書。新田次郎文学賞を受賞したノンフィクションの金字塔だ。

＊　＊　＊

春樹が出所した年は、翌年に終戦六十周年という戦後の節目を控えていた。映画『男たちの大和／YAMATO』を企画し、製作総指揮に当たったのは春樹ではなく、東映である。一プロデューサーとして起用された立場でありながら、本作は、春樹の映画界復活の狼煙《のろし》として日本人の脳裏に強烈に焼き付けられることになった。

春樹は、映画化よりも二十年前に、大和との運命的な出会いを果たしていた。そしてこの映画は、まるで春樹の社会復帰を待ち構えるかのようにして動き始めたのだ。

「もういろんなドラマがこの映画にはありまして。『男たちの大和』を映画化したいという話は、私が静岡刑務所にいるとき、姉からの手紙で知り、東映の坂上順常務からも聞きました」

映画化の事の起こりは、生き残りを懸けた映画撮影所の存在意義。地域的なハンディキャップから、東映京都撮影所では映画が作りにくくなっていた。東映太秦《うずまさ》映画村を併せた売却話も出始め、何としても伝統的な時代劇映画を撮るべく動き出す。しかし、京都撮影所のヒットメーカーだったプロデューサーたちも退場し、大型企画を任せるに相応《ふさわ》しい往年の監督も脚本家もすでにいなかった。京都撮影所長でもあった坂上順は、テーマを「決断」に決め、プロデューサー陣から企画を募った。その立ち上がりについて、坂上はこう語っている（『男たちの大和／YAMATO　コンプリートBOOK』イプシロン出版局）。


忠臣蔵だとか、関ヶ原だとかの案が出るなかで、一人が「太平洋戦争は時代劇に入りませんか？」と切り出した。「なんだ、それは？」「大和です」と。辺見じゅんさんの『男たちの大和』を原作としてやりたいと言う。大和を描いた本ならば、吉田満《よしだみつる》さんの『戦艦大和ノ最期』もあるし、児島襄《こじまのぼる》さんの『戦艦大和』などいろいろある。でも、私も辺見さんの原作でいこうと思ったのは、大和が沈没して四十年後に取材した生存者から構成している、それも将校や将官たちではなく、下士官たちの声を集めているという点が、東映に合っているんじゃないか、と思ったから。

指揮官をヒロイックに描くのではなく、最前線で戦う水兵という、いわば弱者の視点から大和の無謀な戦いを描く新機軸。辺見じゅんはどのような経緯で、『男たちの大和』を書くに至ったのか。そこには春樹の父でもある角川源義の若き日に思いを馳《は》せる想像力が働いていた。辺見の言葉を引用しよう（『男たちの大和／YAMATO　コンプリートBOOK』）。

わたくしの父親も二等兵で戦争に行っております。戦争から帰ってきて、学校の教師でしたが、一ヵ月後には辞めてしまい、家の四畳半でちいさな出版社を始めたという、裸一貫から戦後の人生を歩いてきたのです。そういう父親の時代にとっての戦争とはなにかということが、ものすごく関心がありましたね。

（略）大和の生存者の人々が、自分たちは木の葉の一枚のようだった、どこで戦争が行なわれていたかもわからなかったと言われ、下士官兵に興味を持ちました。（略）わたしの父は、大学繰り上げ卒業で行きましたが、幹部候補生試験も受けず、一兵卒で帰還しています。教師をなぜ辞めてしまったのか、生前は語ることもなかったのですが、父親なりの戦争責任を取ったのではないかと思っています。

源義の死後、父の時代を追体験するかのようにして、辺見は戦争関連について調べていく。民俗学の取材のため地方を訪ねた際、偶然にも戦艦大和で亡くなった兵士の遺族と知り合い、出版のあてもないまま取材を始めた。それまで取材に応じなかった生存者も、辺見の取材には心を開く者もあったという（『男たちの大和／YAMATO　コンプリートBOOK』）。

もしわたしが男で、戦争オタクで、戦艦などに関しても強かったら、生存者の方が率直に話してくれたかどうかはわかりません。また、彼らは彼らなりに、記憶が美化されている部分もあるんです。調べていって、たとえそれがわかっていたとしても、相手の心に心を添わしていくことが大切ですね。そうすると、当時、十六歳の少年だった人は、話しているうちに十六歳に戻っていく。わたしは、彼らの母親になったり、姉になったり、妹にもなって、聞いています。そこまで行かなかったら、本当の取材はできなかったでしょうね。

あるとき辺見は、春樹に向かってある兵士の話をした。

「大和の沈没後、奇蹟《きせき》的に生き残った兵士が島に収容された。沈没した事実を隠すためだったのでしょう。そこで咲き誇る桜を見た瞬間、その兵士が突如発狂したという話でした。自分は死に物狂いで戦ってきたのに、桜は平然と咲いていやがる。あまりの無情さに狂ったのでしょう。それを聞いてまずタイトルを思いついた。『男たちの大和』しかないと。ぜひ一冊の本にまとめるよう、姉に勧めました。本はうちで出す。取材も支援すると」

沈みゆく大和と満開の桜。その取り合わせは、春樹の詩的イメージを激しく触発した。

一九八五年の戦艦大和発見プロジェクト

一九八三年に角川書店から刊行された単行本『男たちの大和』の巻末には、乗組員戦没者名簿が掲載されていた。辺見のもとへは、遺族からの手紙が届くようになる。父や夫や息子は、大和でどのようにして亡くなったのか。海の底で眠る愛する者たちは、わが家へ還《かえ》りたいと思っているはず――。そんな想《おも》いの集積が、辺見を突き動かした。

「姉が、『大和が沈んだ場所ははっきりわからないけれど、何とか発見して遺骨や遺品を揚収できないだろうか。鎮魂祭をやれないだろうか』と言ったんです」

辺見じゅんは、「男たちの海へ――戦艦大和探索記――」（『戦艦大和発見』ハルキ文庫）の中で、そのときの様子を綴《つづ》っている。

「つまり、大和の魂を引き上げたいと言うことだな……」

私が「大和」の探索をして、一片でも遺骨、遺品を引き上げて海への鎮魂をしたいと告げたとき、一瞬、出版社の社長でもある弟の角川春樹は絶句した。

はじめから私には、この計画をやりとげる力がないのはわかっていた。海底探索には莫大《ばくだい》な費用がかかる。それも利益を生まない費用である。このような計画を相談できるのは肉親である弟しかいなかった。しばらくして弟は、

「考えてみよう」

と、短く言った。

その一週間後、弟は協力を約束してくれた。

「海の墓標委員会」が結成されたのは、昭和六十年の六月に入ってからだった。

春樹は一週間、悩みに悩んだ。

「私が知るだけでも十人以上の人間が、大和発見に情熱を傾けた挙げ句、皆敗退していきましたからね。まさに砂漠に落ちた針を探すようなもの。莫大なお金がかかるのはもちろん、国家的な協力も必要になる。常識的にはやめておいた方がいいが、私は常識人じゃないですから。天が望むならば成功するであろうと。何も見つからない危険性もあるが、決断したんです」

海の墓標委員会の構成メンバーは、次の通り。委員長＝辺見じゅん（作家）／副委員長＝阿《あ》川弘之《がわひろゆき》（作家）、内田貢（元大和乗組員）／顧問＝内田一臣（元海軍少佐、元海上幕僚長）、牧野茂（元海軍技術大佐・大和設計主任）／事務局長＝角川春樹（角川書店社長）。

「日本には、水深三百五十メートルまで潜って探査できる潜水艇がなかった。あちこち当たって見つけたのが、七百メートルまで潜れる『パイセスⅡ』。イギリスのエジンバラにあった潜水艇です。これを操船できるのはイギリスの元海軍士官。この潜水艇を飛行機で運んでくるだけで一千万円。それとは別に、潜水艇を載せる母船や探索機器、大和の生存者や遺族を現場まで乗せていく客船二隻。すべての借用費や人件費を負担することになりました」

寄付を募ってはみたが、全国から集まったのはわずかな金額。資金調達のために各方面に当たっても、確実性なき探索プロジェクトへの反応は鈍い。

「それでも知人の事業家や、佐川急便やリクルート、日本航空などから資金を集めましたよ。番組にしたいという話を持ち込んできたNHKにも協力をお願いしましたが、五百万円しか出してくれない。読売新聞は一千万円かな。大和発見の第一報を、テレビ・新聞それぞれのスクープとして流しました。結局うちが八割以上に当たる三億円弱を負担することになりました」

一九四五年四月七日、アメリカ軍機動部隊の猛攻撃を受けて沈んだ戦艦大和——。春樹たちの探索は、それから四十年の歳月を経て一九八五年七月二十九日に始まった。辺見から「大和の魂」の引き揚げを頼まれてから、わずか六ヵ月後。行動は迅速だった。

「その日は、鹿児島湾から出航してまもなく、海軍の旭日旗のような黄道光が西の空に赤く出たんです。大和が沈んでいる位置に関する資料は多少あったけれど、広大な東シナ海のことですからねえ。情報に基づいて自衛隊のP－3C（対潜哨戒機《しょうかいき》）を飛ばしました。ここではないかというおおよその目標地点に、一応ブイを置いてもらった。ところが、発生した台風の影響で流れてしまって（笑）。船長が『台風は進行方向で発生している。やはり中止にしよう』と言うので、『いや大丈夫。これは非常に大きな意味がある探索であり、ちゃんと大和に導かれるから』と言い切った。すると船長は、私を問い詰めるようにして『あなたは神か!?』と言うので、『俺は神だ！』と答えてやりましたよ」

同乗したＮＨＫの番組スタッフ妻城英治郎《つまぎえいじろう》は、その五年前、一九八〇年に「ＮＨＫ特集」で大和探索を行ったが、台風に見舞われ、途中断念する苦い経験があった。妻城の記録が興味深い（ＤＶＤ『ＮＨＫ特集　海底の大和〜巨大戦艦・40年目の鎮魂〜』リーフレット）。

（略）今回もまた台風七号が発生していた。

「五年前、探索をあきらめた時も〝台風七号〟」

私の心の中に不安がこみ上げてきた。

そんな時である。海の墓標委員会事務局長の角川春樹氏に呼ばれた。

「台風のことは心配しなくていい。私がこの海域には近づかせない」

それから暫《しばら》くして、白装束に身を包んだ角川春樹氏が船の舳先《へさき》で祈りをささげていた。その祈りはどのくらいの時間続いたのだろう。とても長い時間が経過したような気がした。

台風は徐々にスピードが落ち、やがてはるか離れた海上で停滞した。

これを偶然という人がいるかもしれない。でも、台風直撃を免れたのは事実だ。

「天が望むならば、と言いましたが、それは、大和の英霊が私に鎮魂してもらいたいと思うならば必ずたどり着けるということです。とにかくあとは勘だけが頼り。『ここで停《と》まってみてくれ』と言ったんですが、船は車のようには急停止できず、エンジンを切っても惰性で進んでしまう。まあ、どうせ時間をかけて探すことになるだろうと覚悟して、停まった場所から潜水艇で降りてみました。そうしたら、なんといきなり目の前に、大和の艦尾があったんです。やはり大和に呼ばれたとしか言いようがない」

春樹は、エッセイ「青い輝きの菊花紋章」に、海底で菊の紋章を発見した瞬間の感動をドキュメンタリー・タッチで活写している（『戦艦大和発見』ハルキ文庫）。

七月三十一日、イギリスから空輸されてきた潜水艇「パイセスⅡ」は、前日同様、北緯三〇度四三分一七秒、東経一二八度〇四分〇〇秒附近で潜水を開始した。クルーは元イギリス海軍のジョン・ジュリー艇長と私。すでに前日の三十日には、二人とも大和らしき巨大戦艦の艦尾部分と大型スクリューを目撃していたが、遂に大和という確認を得られず、本日は、前日に見つけたスクリューを計測すべく、マニピュレーター（義手）に一メートルのメジャーを嚙《か》ませている。

水深三百五十メートルの降下地点は、前日とはかなり離れた場所だったが、それが幸いした。目前に巨大な煙突状の物体が横たわっている。（略）幸運はさらに続いた。物体を計測すると、四六センチ。なんと、大和の主砲弾である。着地するやいなや、大和確認の証拠が発見されたのだ。二十九日出航後、海軍旗の形をした夕焼けが西の空に浮かびあがったように、今回の探索行は大和の英霊によって導かれていた。

やがて見えてきた、「古代の水没した遺跡を思わせる未確認物体」。長い板状のものが、チーク材を敷きつめた甲板であるとわかり、艦《ふね》のブリッジであることを確認。その艦を戦艦大和と判定する最大の決め手は、艦首に取り付けられた一・五メートルのチーク材から成るシンボルだった。それは、金箔が張られた「菊花紋章」である。

潜水艇は大和の球状艦首へ一気に近づく。

潜水艇の強力なライトによって、一五メートルまでなら視界がある。その視界の先に、きらりと輝く何かを捉えた。

さらに近づく。

「ルック！　エンペラーズ・シンボル！」

ジョン・ジュリーが叫ぶ。まさしく、黒潮の厚いフィルターを通して、青くて美しい菊の紋章がある！　菊花紋章はそれ自体、青い輝きを放っている。

続いて、ジョン・ジュリー艇長が吐いた言葉は、さりげなかったが、深く私の心を抉《えぐ》った。

「ジス・イズ・ヤマト！」

この瞬間、私の全身は鳥肌が立ち、言いようのない敬虔《けいけん》な気分になった。潜水艇の窓ガラスに額を強く押しあてながら青い輝きを見つめていた。この時、私は、はらわたから自分を日本人だと意識した。


大和発見の海底映像は『男たちの大和／YAMATO』のオープニングに生かされている。

「あのビデオ映像のほとんどは、私が撮ったものです。当時はテレビや新聞でも使われていました。ちぎれて横たわる巨体は、古代の廃墟のようでしたよ。もちろん、潜水艇で船を引き揚げることはできない。目的は遺品と遺骨。遺品をマニピュレーターで揚収しました。機関銃の弾、薬莢《やっきょう》、椅子《いす》、靴、酒瓶……。それらはすべて広島県呉《くれ》市の大和ミュージアムに収めました。しかし、金属やガラス類は残っても、骨は流されてしまうんですね……」

潜水艇「パイセスⅡ」による探索は六回、のべ三十時間に及んだ。けれども、戦艦大和の乗組員二千七百四十名の遺骨は、遂に一片も発見されなかった。

一九八五年八月放送の『ＮＨＫ特集　海底の大和〜巨大戦艦・40年目の鎮魂〜』には春樹の姿も映し出され、インタビューを受ける場面も登場する。しかし当時のテレビ・新聞は、大和発見の立役者として海の墓標委員会を前面に押し出し、角川春樹主導のプロジェクトである印象を与えない報道になっている。

「あれはね、私の方から引いたんです。売名行為だと思われるだけですから。過去には、本当に売名のためにやろうとした人間がいる。いろんな人がいて。大和は自分が海軍から買い上げたと名乗り出る者とか、有象無象《うぞうむぞう》がいるんです。それで大和が個人の所有物ではないことを、予《あらかじ》め確認しておいた。国税庁長官を経て博報堂の社長になっていた近藤道生《こんどうみちたか》さんに相談したんです。これは国のものですよね、と。すると『そうです。誰のものでもありません』と」

沈没地点の船上では慰霊祭が行われた。遺族たちや春樹は、不思議な体験をしている。

「大和を発見した頃、遺族の方々が鹿児島湾で大和のような形をした夕焼け雲を目撃したと言っています。きっと大和が見つかったに違いないと思ったそうです。私たちは船上で慰霊祭を行った。あるビジョンが見えたんです。白昼夢のように。カーキ色の軍服を着た人々が、空に向かって一列で行進していく。海軍なのに、なぜ陸軍の戦闘服を着ているんだろうと不思議に思いました。海軍は紺か白でしょう。それから二十年後、『男たちの大和』のクランクイン後、奈良県の大和《おおやまと》神社で毎年四月七日に行われている慰霊祭のときも、ビジョンが見えました。

やはりカーキ色の軍服の男たちですが、そのときは戦闘の映像。そばにいた姉に向かって、『今、死体がゴロゴロ転がる中、絶叫しながら撃たれ、腕が引きちぎれる、阿鼻叫喚《あびきょうかん》の映像が見えるよ』と言いましたよ。すると姉は『この時間は、まだ戦闘中よ』と。そういうことかと思いましたね。後日、佳境の撮影現場を訪ねてハッとしました。海軍も戦闘の際には、カーキ色の軍服に着替えることを初めて知ったんです。背筋が寒くなりましたよ」

不思議な話はそれだけではないという。出所後まもなく、春樹の早期釈放を望む署名運動の関係者たちへ、春樹は御礼の挨拶《あいさつ》回りを行った。そして「角川春樹　復活の日」という復帰記念の祝宴会を開催することになり、発起人を当時の東映社長岡田裕介に依頼すべくアポイントを入れたあと、春樹はある夢を見た。

「その夢は、東映の社長室のテーブルを囲んで、岡田裕介、坂上順、宣伝部長、それに辺見と私の五人が座っている。私が『大和はどうなった？』と聞くと、裕介は『まだ決定してない。お金も掛かるし』と言い、坂上は『個人的に考えている段階だ』と言うので、私が『裕介、お前は俺にNOといえる立場か！』と言うんです。後日挨拶に行くと、夢と同じように五人が座り、会話が始まった。内容も全く同じことになったんです。予知夢としか言いようがない。話し合いはもう、夢で了解を取ったことの再現ですから。姉が元気でいるうちに映画化を実現させるとしたら、タイミングは戦後六十年を迎える二〇〇五年しかない。そう考えていました。で、その日に映画化が決まったわけです」

元乗組員との出会いがドラマを強化

ミラクルな逸話が続いたところで制作現場の話へ進もう。ミニチュア特撮だけで見せる時代は過ぎ去り、すでにオールCGで描くことも可能であったが、春樹はリアルな質感と威容にこだわって、原寸サイズで艦を復元することを主張した。それには巨額の費用が必要となる。もはや角川書店時代のような予算組みは不可能であり、復帰直後の身で出資を募ってもほとんど断られるばかり。春樹は、持ち株を売却し未来証券と共同でファンドを立ち上げている。

そして大和は、実寸で一部が造られることに決定。企画した東映の坂上順は、こう証言した（『男たちの大和／YAMATO　コンプリートBOOK』イプシロン出版局）。

私はもうちょっと安い予算でやろうとしていたんです。そこへうちの高岩《たかいわ》（東映会長）と角川春樹さんが来て、「全部作れ！」となっちゃったの。初めは一三〇メートルまでと言っていたのが、「ここまで来たら」と、もう数字じゃなくなるんです。

二〇〇四年八月にメディアを呼んで企画発表会が開かれたが、その時点で大和のロケセット設置場所は決まっていなかった。もちろん巨大すぎるゆえ、京都撮影所内では不可能だ。最終的には、尾道の日立造船向島工場跡地に決定。実際の大和の全長は二百六十三メートルだったが、そのうち百九十メートル分が原寸大で再現されたのだ。当初建造が予定されていなかった艦首部分も後から造ることになったのは、大和のシンボルである菊花紋章を掲げるためだった。

「つまり船尾がないだけ。菊の紋章がなければ、大和の乗組員たちの魂の拠《よ》りどころを表現できない。生存者たちの大和に対する賛歌のためにも、きちんと造らないといけませんから」

最大幅四十メートル、艦橋の高さ十五メートル、長さ十八メートルの主砲三門、副砲三門、高角砲五基、三連機銃十四基、鉄鋼使用量六百トン。原寸大の大和の建造には四ヵ月を要し、六億円が投じられた。

完成した作品には、特撮であることを意識させず、いかに記録映像に近づけるかという主旨のもと、ロングショットでの航行や戦闘シーンなどに、ミニチュアやCG、VFXも使用されている。しかし、原寸大の大和を造ったことの効果は計り知れなかった。画《え》になるという理由でメディアが話題性に飛び付いただけではない。何より、スタッフやキャストは甲板に立つことで映画の虚構性を超え、あの時代を、五感を通して実感することができたのだ。

＊　＊　＊

収監中に世話になった姉への恩返しに始まり、その二十年前の大和発見の感動を原動力にして臨んだ映画『男たちの大和／ＹＡＭＡＴＯ』の製作。実は春樹にとって、もうひとつ大きな映画製作の動機があった。それは、大和の探索・鎮魂以来、親しくなった内田貢という人物の死。海の墓標委員会の副委員長でもあった元大和乗組員、二等兵曹機銃射手であった内田は、マスコミ嫌いで辺見じゅんの取材も長らく拒んでいた。しかし、彼女の執念と誠意に心を開く。劇中、中村獅童《なかむらしどう》が扮《ふん》する下士官・内田守のモデルとなったのが、内田貢である。

辺見の『男たちの大和』が上梓されると、内田は何千冊も買い取り、遺族の一人一人に線香を添えて送ったという。また、海の墓標委員会で寄付を募った際、礼状を出したのに戻ってきてしまった支援者が数十人存在した。それは内田が偽名を使い、すべて自分で寄付していたことが判明している。そういう男だった。

「内田貢さんは、海軍の中で最も自由な精神の持ち主だったんですよ。柔道が強くてね、山本《やまもと》五十六《いそろく》司令長官から短刀を戴《いただ》くほど信頼されていた。レイテ沖海戦と沖縄特攻で、身体中《からだじゅう》に重傷を負ってしまった。戦後は、博奕《ばくち》場の用心棒とか興行師をやったりして。負傷によって男性機能を失っていたんです。だから女を抱けない、子供もできない。戦争孤児を大勢、養子養女にしてね。育っていった多くの子供たちが、内田さんを顧みない中、一番下の養女だけが父を想って看取《みと》った。映画では鈴木京香《すずききょうか》がやった役ですよ。内田さんは、『俺が死んだら、骨を大和の仲間たちのところへ還《かえ》してくれ』と言っていたそうです。私と一緒に探索に行ったあの場所にね。ずっと私に感謝してくれていたそうです。内田さんの養女は、ヘリをチャーターして大和の沈没地点まで行って散骨したんです。劇中では船で行くことになっていますが、実際はヘリだった。花束を投げて、敬礼して。亡くなったのは、私が出所する一年ほど前。姉からいきさつを聞かされ、散骨のときの映像や写真を見せてもらっていました。これはつくづく自分が映画化しなくてはいけない、と思ったんですよ」

内田と養女のエピソードは、映画の冒頭とクライマックスに生かされ、戦時下と現代を結ぶ太い一本の幹として貫かれる。映画は現代＝二〇〇五年で幕を開ける。一人の女性が、鹿児島県枕崎《まくらざき》の漁港を訪れた。彼女は、戦艦大和が沈んだ地点まで船を出してほしいと漁師たちに懇願する。漁師の中に、かつて大和に乗艦していた神尾（仲代達矢《なかだいたつや》）がいた。やがて彼は、その女性が内田兵曹の養女（鈴木京香）であることを知る。頼みを聞き入れ、沈没地点に向かった神尾は、内田の話を語り出す。一九四五年、海軍特別年少兵・神尾（松山《まつやま》ケンイチ）の上官が、内田兵曹（中村獅童）だった。戦況が悪化する中、彼らを乗せた大和は、無謀な命令を受けて沖縄での特攻戦へと向かった——。

戦争を単に回想するのではなく、現在と六十年前の物語が同時に進行し、有機的につながっていく構成が特徴的だ。脚本は難航して六稿まで進み、クランクイン直前に完成した。

「最初の脚本は、ありきたりな反戦映画風で、感動しなかった。言葉が先行していてね。私も辺見もこうではないと。私と辺見と坂上で、直しの作業を行っていきました。戦争中、大和に対してさまざまな感情を抱いていた下士官は、沈んだあとに愛だけが残ってしまった。大和への賛歌、大和の悲劇を掘り下げ、愛と死をテーマにしたドラマを強めていったんです」

大和への賛歌を、イコール戦争賛歌と曲解する者もいた。果たして本作は、反戦的なのかそうではないのか。公開当時の論調は、受け止め方が分かれていた。では、作り手たちの意図はどこにあったのか。それを考える上で、長嶋一茂《ながしまかずしげ》が演じた臼淵磐《うすぶちいわお》大尉のセリフは重要だ。

「吉田満さんが書いた『戦艦大和ノ最期』から、臼淵大尉の言葉の引用がありますよね。大和の最後の出撃前夜、学徒出陣組予備仕官と海兵学校出身若手将校との間で、激しい喧嘩《けんか》が起きる。『特攻は無駄死にだ』とする学徒出陣組。『戦死は軍人の誇りだ』とする海兵学校出身組。そこへ臼淵大尉がやってきて諌《いさ》める。『真の進歩を忘れていた日本は、敗れることによって目覚める。それ以外に救われる道はない。新しい日本に先駆けて散るのは、まさに本望』という言葉によって論争は治まったと言われているんです」

海軍少尉として大和に乗艦していた吉田満の戦記文学『戦艦大和ノ最期』（講談社文芸文庫）の原文における、臼淵磐大尉の言葉はこうだ。

「進歩ノナイ者ハ決シテ勝タナイ　負ケテ目ザメルコトガ最上ノ道ダ
日本ハ進歩トイウコトヲ軽ンジ過ギタ　私的ナ潔癖ヤ徳義ニコダワッテ、本当ノ進歩ヲ忘レテイタ　敗レテ目覚メル、ソレ以外ニドウシテ日本ガ救ワレルカ　今目覚メズシテイツ救ワレル

カ　俺タチハソノ先導ニナルノダ　日本ノ新生ニサキガケテ散ル　マサニ本望ジャナイカ」

「この戦いで、戦争が終わって日本が再生すればいいと。だから自分たちの死は無駄ではないと。降伏する上でこれ以上の犠牲を出す必要はない。苦渋の決断をしたわけですよ」

愚かな戦争を始め、敗北を認められない国を批判的に捉《とら》えている一方で、命を懸けてまで守る価値のある国という思想は、ナショナリズムを強化する価値観とも受け取れる。

大和は、さまざまな批判に晒《さら》されてきた。特攻作戦に対してだけではなく、建造したこと自体へ、航空戦の時代を見誤った大艦巨砲主義の〃無用の長物〃という意見もある。

「これは、ひと言で言い切れる問題ではないんです。この映画の試写を瀬島龍三さんに観《み》ていただきました。私の親代わりともいえる人で、本作の監修者としてクレジットもされています。大和が呉から出発する前に、瀬島さんは沖縄で特攻する兵士たちと甲板で盃《さかずき》を交わしているんです。『何の役にも立たず彼らは死んでいく』と思うと、涙が出たと。隣の席に座って試写を観たのですが、嗚咽《おえつ》していましたね。いろいろなことが甦《よみがえ》ったのでしょう」

瀬島龍三は、太平洋戦争において大本営作戦参謀や連合艦隊参謀を歴任し、最終階級は陸軍中佐。沖縄特攻時の作戦参謀でもあった。戦後はシベリアで十一年間抑留され、帰還後は伊藤忠商事に入って会長まで務め上げた。このあたりの経緯は、瀬島が主人公のモデルとなった山崎豊子の小説『不毛地帯』でよく知られている。政財界に多大な影響力を持つ人物だった。

「映画の完成前、瀬島さんに話をうかがったんです。パールハーバーへの報復として、アメリカも日本へ奇襲攻撃を仕掛けようとしていたが、大和がトラック島に一年以上も停泊していたため、仕掛けてくることができなかった。つまり大和という存在に対し、アメリカは潜在的な脅威を抱いていたというのです。現代でいうところの核の抑止力と同じ役割。なるほど、そういう視点は持たなかったと唸《うな》りましたね。参謀ならではの言葉です」

それだけではなく、大和はある意味で戦後に甦っているという。

「大和を建造したテクノロジーは、戦後の技術立国に生かされているんですね。新幹線やタンカーはもちろん、ホテルニューオータニの展望レストランを回転させたのは、大和の主砲の砲座に使われていた車輪。最も優秀な技術の結晶こそが大和だったわけです」

つまり戦艦大和にまつわる物語は、この国のありようを象徴していたのではないか。優れた能力を有する者たちが築き上げた産業や文化によって成り立つ国ではあるが、判断力が鈍く責任を回避する上層部の指揮の下、危機的状況においてもなお面子《メンツ》を重んじ無謬性《むびゅうせい》の神話はどんどん肥大して、やがて取り返しのつかない事態を引き起こす。

「まさにそういうメッセージを、私は込めたつもりです」

この国の体質は何ら変わることなく、原発事故という人災をも引き起こしてしまった。

戦争を知る世代の最後の戦争映画

春樹は「誰にも言わせないようにしたセリフがあった」と、ある意図を明かす。

「それまでの日本の戦争映画では、お約束のように兵士たちが『天皇陛下万歳!』と叫んで死んでいく場面がありましたが、この映画には登場させなかった。生存者たちから事実を聞いていましたから。『角川さん、死ぬときは誰も、そんな格好なんかつけてませんでしたよ』と。この映画のように、お母さんや女房の名前を呼んだんです。

実は、天皇の戦争責任についても触れているんです。大和の伊藤整一《いとうせいいち》提督は、沖縄特攻に反対していた。ただの無謀な死にすぎないと。みすみす有能な人材を殺すとは何ごとかと。ではなぜ沖縄特攻は始まったか。天皇が『海軍にはもう艦《ふね》はないのか』と漏らした言葉が決め手になったと言われています。つまり、まだ『戦え』ということでしょう。落胆や絶望を表わす言葉だったという捉え方もあるでしょう。だが、事実として海軍は特攻へ向かった。戦争を継続させていたのは天皇の言葉だったわけです。大和が沈んだら、さすがにもう終わりだろうと思っていたら、戦争はまだ続行した。あの言葉を入れたのは、私の想いです。やはり昭和天皇の戦争責任はあると思う。露骨な形ではないが、触れずにはいられなかった。左翼からも右翼からも指摘はありませんでした。それどころか『赤旗』には激賞され、右翼の人からも感謝されましたよ」
そうした両義性こそが狙《ねら》いだったことを裏付ける、佐藤純彌監督の言葉が残されている（『男たちの大和／YAMATO　コンプリートBOOK』イプシロン出版局）。

この映画のなかでは、戦争賛成とも、戦争反対とも、誰も一言も言っていません。（略）僕はこの映画を観て、愛する人を守るためには自分は戦うという答えの人が出てきてもいいし、戦争は絶対にいけないという答えの人が出てきてもいいと思う。それは観る人たちの責任で考えるべきことなんであってね。たかだか映画一本で、どの意見、どの思想を持てというつもりは毛頭ないです。むしろみんなが、「どんな意見を持とうか？」と考えるきっかけにしてほしいと思います。自分たちの未来は自分たちで作るんだ、とね。

佐藤は、沖縄特攻の凄惨《せいさん》な戦いを延々と描写した。下士官たちの酷《むご》たらしい死から目を背けさせない。ドラマ形式ではあるが、取材や事実に基づく現実をできうる限り提示し、戦争という極限状態の中での判断について思考させる。作家阿川弘之のレビューは、本作の意義を冷静に見極めている（『男たちの大和／YAMATO』劇場プログラム）。

（略）私どもの次の次の戦争を知らぬ若い世代も、此《こ》の映画を見れば、死者の声の聞こえて来るのを感じるであらう。彼ら乗組員が身につけてゐた規律、勇気、礼儀正しさ、国家への忠誠心、正確明晰《めいせき》な言葉遣ひを自分たちも身につけたいと思ふであらう。新時代二十一世紀の若い男女が、日本人固有の美質を取り戻し、伝統のすぐれた技術を正しいかたちで保持継承して、日本を再び誇るべき国に盛り立ててくれるなら、戦没将兵へそれ以上の手向け草はあるまい。もつとも、死者の思ひとか死者の声といふのは比喩的表現で、実際の彼らは静謐《せいひつ》そのもの、日本が今後一路衰亡の道を辿《たど》らうと、華やかな栄え方をしようと、何も言ひはしない。現代の若者の姿勢態度も黙つて見てゐるだけ。ただし、私自身も含めて見られてゐる側には責任がありますからね。『男たちの大和』が、此の問題を考へる上で貴重なよすがになるといいと思ふ。

春樹にとって、奇蹟や出会いが重なって生まれたこの映画に、直前に送っていた獄中体験はどのような影響を及ぼしていたのだろう。

「それまでは、かけがえのないものだと考えていた『国』が、真逆のもの、闘うべき無意味な存在になってしまった。この国に対する複雑な感情が、自分の中で渦巻いていました。もし刑務所に入ってなかったら、この映画はやらなかったでしょう。小さなうちの会社にとって、もっと確実に利益が上がることをやっていたと思う。順調に行っていたら作らないものがある。会社としても、成長期の中では生まれてこない作品というのがあるわけです」

春樹が映画界を離れていた間、二十一世紀初頭の映画界には大きな変革があった。

「ひとつは上映形態。シネコンが一気に増えましたね。もうひとつは撮影方式。フィルムからデジタル映像に切り替わった。それと、メディアはインターネットが中心になりつつあった。でも不思議なことに映画宣伝は、あまりネットとモバイルを使っていなかった。まだ、私が始めた宣伝方法ばかりを踏襲していたんですね。私は積極的に新しいメディアミックスを推進するように指示しました。この映画は、Ｙａｈｏｏ！　ＪＡＰＡＮと組んで宣伝ブログによるプロモーションを本格的に行ったり、ネットを使った試写会をいち早く始めましたよ」

ちなみに六億円を掛けた原寸大大和のロケセットには、想定外のオファーがあった。尾道の商工会議所が観光に使わせてほしいと依頼してきたのだ。映画のプロモーションも兼ねた原寸大大和の一般公開には百万人以上の入場者が訪れ、三億円以上の入場者収入になった。

映画の興行収入は五十億九千万円。東映としては二〇〇〇年以降最大のヒットになった。翌年リリースされたＤＶＤとビデオは、発売一ヵ月で計四十四万枚（本）を記録している。

＊　　＊　　＊

記憶に新しい『男たちの大和／ＹＡＭＡＴＯ』公開から、早十年以上の歳月が経《た》った。その間に戦争映画は大きく様変わりしている。「十年でここまで激変するとは思わなかった。史実に基づき実在の人物をドキュメントとして描こうとするのではなく、ほとんどフィクションになってしまった」と、春樹は嘆く。戦争を知る人々が減少したことが大きな要因だ。

二〇一五年八月十四日付「朝日新聞」の「映画、『知らない世代』を意識」という終戦記念日特集の記事には、戦争を知る世代を代表して佐藤純彌もコメントを寄せている。興味深いのは、社会現象化した小説『永遠の0《ゼロ》』の映画化を手掛けた東宝の市川南《いちかわみなみ》プロデューサーのコメントだ。『男たちの大和／YAMATO』の八年後に製作された映画『永遠の0』の主人公は、家族のもとに必ず還るため「死にたくない」と思い悩む零戦操縦士である。

（略）「こんなやつ、いないよ」と思ったが、「感動を呼ぶのは間違いない」「観客も作り手も戦争を知る世代が中心だった時代なら、これほどフィクション性の強い戦争映画は作れなかった。これからフィクション性はさらに強まっていく」

つまり、二度と過ちを繰り返さないために「戦争」の事実を語り伝えるという目的が希薄になったのだ。大いなる悲劇とスペクタクル性を兼ね備えたあの時代の出来事を虚構化し、〝知らない世代〟を感動させるための手段として「戦争」を利用する時代に突入した、と言い換えることもできるだろう。春樹は振り返る。

「祖父母の世代、父や母の世代、それに孫たちの世代。『男たちの大和』は三世代が観に来てくれた。祖父母が孫と会話できたという話を聞きました。戦後生まれの親が語れないことを、体験者として祖父母が孫に語り聞かせる。嗚呼《ああ》、作った意味があったんだなと思いました。大きな力によって作らされたんじゃないかな。やはり導かれていました。亡くなった方々の魂に導かれて大和を発見し、その二十年後に、その魂によって映画を作らされたんです」

終戦／敗戦から六十年の節目に生まれた『男たちの大和／ＹＡＭＡＴＯ』は、戦争を知る世代の実体験と鎮魂の想いが結集した最後の戦争映画になった。

あとがき

清水　節

華々しく大和とともに浮上した後、春樹氏はコンスタントに映画製作を続けた。巨額を投じてモンゴル・ロケを敢行し、チンギス・ハーンの半生を描いた『蒼《あお》き狼《おおかみ》　～地果て海尽きるまで～』（監督：澤井信一郎／二〇〇七年）。黒澤映画の権利を得て現代的な感覚でリメイクした『椿《つばき》三十郎』（監督：森田芳光／同年）。宇宙創生の立証に挑む野心的な青春映画『神様のパズル』（監督：三池《みいけ》崇史《たかし》／〇八年）。自らメガホンを執《と》り、警察組織の深い闇《やみ》に斬《き》り込んだ社会派サスペンス『笑う警官』（監督：角川春樹／〇九年）。どれも意外性に富んでいた。「観客の質が落ちた。幼稚になってしまったんだな」と春樹氏は嘆く。その認識は間違いではないだろう。そんな状況にあって大衆を動員する上で、妥当な企画だったかどうか。「百五十万人動員できなければ、時代が違うということ。もう映画は作らない」と宣言して自らを追い込んだ製作・脚本・監督作『笑う警官』を最後に、春樹氏は公約どおり映画界に距離を置いている。

父への反目から始まった春樹氏の人生は、父を超えることを目標に歩み始め、本を売るために映画製作へ進出して、世界をも変える映画の魔力に取り憑《つ》かれ、一度は破綻《はたん》した。そして今、父が文化再興を願って廃墟《はいきょ》の中から興した出版社創業の精神に立ち返り、文芸編集の世界へと舞い戻って、一編集者として人生を全うすることに的を絞っている。再び映画プロデュースに乗り出す可能性について、春樹氏はこう語った。

「うちの原作であることが前提。近年、角田光代《かくたみつよ》原作の『紙の月』に映像化の話を持ち掛けられ、映画とテレビで成功したケースはありましたが、こちらからも仕掛けていこうとしています。うちがリーダーシップを執ったとしても、私が前面に出るかどうかは別としてね。映画はメディアとして衰退した面もある。動画配信など新たなメディアも絡めてビジネスを構築することも必要になる。映画単体で大きな成功を得るのは非常に難しい時代になった。となるとやはり限られたターゲットに向けて製作費を抑え、ホームランを狙《ねら》うのではなくヒットで、いや、フォアボールでもいいから確実に塁に出るような作品づくりになる。小品でも未来に残るものを創《つく》りたいですね。つまり今、私が手掛けている本づくりと同じです」

作り手とコミュニケーションしながら「物語」を紡《つむ》ぎ出して世に問う。規模や手法は違えども、かつての映画プロデュースのベースには、文芸編集者としてのノウハウがあった。映画においても、春樹氏は最もミニマムな創造の形に立ち戻ろうとしている。


今年は、角川春樹映画第一作『犬神家の一族』公開から四十年目だ。しかし、春樹氏が心血を注いだ十七年間の作品群に、それ以降の二十三年間の作品群を加えて「角川映画四十周年」を謳《うた》うことにさほど意味はない。いや、混在させて語られることで、存続する茫洋《ぼうよう》としたブランドはイメージアップに繋《つな》がるのかもしれない。毀誉褒貶《きよほうへん》の激しかった「角川春樹映画」だが、時間の経過とともに、その評価は定まってきた感がある。日本映画を変革した春樹氏の功績については多くの先人たちが論じてきたが、盟友ともいえる佐藤純彌監督の手記が聡明にしてロジカルな考察なので、ここに紹介しておきたい（『シネマ遁走曲』青土社）。

（略）一つは、それ以前の系統別縦割りの構図を横に切断して、汎映画界的な製作方法と配給・興行方法を導入したことである。いずれの社の出身、所属にこだわらず、全映画界から、有能、必要なスタッフ・俳優を集め（略）既成のメジャーとは異質の映画作りの方法を成立させ、同時に、配給・興行の面においても、日活撮影所で製作し、東映で宣伝し、東宝で興行するというような、それまでは、決して行なわれなかったことを実現させてしまった。

第二に、斜陽、落日間近の映画界に、映画は、方法によってはまだまだ「高い収益を挙げうる産業であり、成功率の高い商売である」ことを実証し、希望の灯を復活させたことである。（略）それまでの常識だった予算の計上の仕方、見込み収入から逆算して、作品の製作費を決定する方法を逆転させ、その作品に必要なだけの製作費を投入し、後、その投下資金を回収するには、どのような宣伝、興行の方法をとればよいかを考えるという発想である。

第三に、映画宣伝を改革したことである。（略）一行、記事が載れば、宣伝になったと喜び、新聞広告が最大の宣伝効果を持つと信じられていた。角川は、テレビ、雑誌、ラジオ等あらゆるマスコミ媒体を利用する宣伝方法を生み出した。コロンブスの卵であるが、宣伝費の比率が

AとBとで二対一の場合、その宣伝効果は、九対一になるという宣伝理論を実証してみせた。そして、石原裕次郎以来、二十数年振りに、薬師丸ひろ子、原田知世などの映画界出身のアイドルを誕生させることに成功した。

八〇年代半ばに書かれた佐藤氏の分析に付け加えることがあるとすれば、パッションの重要性だろう。いまや企業利益の最大化を最優先に、コンプライアンスに配慮しつつ、冒険せずに済ませる日本映画がはびこる諦念《ていねん》の時代になった。出版社から参入するにあたり春樹氏が武器にした「原作」は、いつの間にやら映画界にとって、興行を担保する要素と化してしまった。

往年の角川春樹プロデュース作品は、映画とは何か、と今に問い掛けてくる。カリスマの独創性に予算も権限も集中させることで、映画という運動は「祝祭」と化した。賭《か》けると決めたならば、全幅の信頼を寄せて才能発揮の機会を与え、一様ではないエンターテインメントを量産し続けた。量をこなすことで、もちろん失敗作もあった。そんな映画ほど振り返れば愛《いと》おしく、そこには人いきれが充満している。映画とは、マーケティングだけに頼って生まれる整然とした商品ではなく、エモーションに満ちあふれ時代をも揺さぶる野性的な生き物であることを認識させたのが、角川春樹映画だった。あの作品群があったからこそ、低迷していた日本映画は甦生《そせい》し、変容しつつも現在に至ったことは間違いない。

＊　　＊　　＊

取材開始の日。指定されたいくつかの候補日から、僕はあえて「十三日」を選んだ。春樹氏が重んじる神格数から始めるのが吉と考えたからだ。この数字にまつわるエピソードについては、本書〈シーン９〉をお読み戴《いただ》こう。その日の取材を終えた帰り際、「どう、面白い？」と訊《たず》ねられた。単純に答えても能がない。咄嗟《とっさ》にこんな言葉を返した。——やがて大河ドラマにも高度成長期後を描く時機が到来したら、乱世を生き〝天と地と〟を知る「角川春樹」を描くべきであり、ここに残していく言葉の数々が原案として活《い》かされる日が来れば幸いだ——。すると春樹氏は、「何を言ってる」と微笑《ほほえ》みを口許《くちもと》に湛《たた》えた。

勢いを借りてタイトルを提案した。瞬時に浮かんだのは、最初期の角川映画として製作を予定していながら未遂に終わった作品名に、一部手を加えた「いつかギラギラした日」。その半生を象徴するともいえるこの言葉を口にすると、間髪入れず「いいんじゃないですか」と快諾《かいだく》してくれた。ややあって「いや、過去形にしないで『いつかギラギラする日』のままでいいよ」と監修が加わった。生涯現役であり続ける意志の表われであろう。

本稿は、映画雑誌の企画として取材を申し入れ、書籍化を前提に連載を始めたものだ。単行本化にあたり加筆・修正を施し、新たな章を加えている。連載時の終盤、ある出版関係者から雑誌編集部がいちゃもんを付けられたという。誰もが首を傾《かし》げる理不尽な内容だったが、仄聞《そくぶん》にすぎないので具体には触れない。すぐに収まるものと考え取材再開を待ち構えていると、いつしか紛糾して人間関係がこじれ始め、あろうことか僕が降板を余儀なくされる展開となった。本稿を世に出したくない相手側の妨害行為が実を結んだことに、ただただ呆然《ぼうぜん》と立ち尽くすばかりだった。その後、あらぬ言い掛かりへの対処の仕方を誤った人々を一喝し、僕を執筆に呼び戻したのは春樹氏である。そして角川春樹事務所が編集と版元を担うことになった。故意の衝突をきっかけに座礁した船から放《ほう》り出された後、春樹氏の指揮で〝復活の日〟を経験させて戴いた。神格数の日から始めて正解だったようだ。

主な参考文献（五十音順）

■書籍・ムック

『A MOVIE・大林宣彦』石原良太・野村正昭責任編集　芳賀書店　一九八六年

『麻原彰晃の誕生』高山文彦　文春新書　二〇〇六年

『市川崑の映画たち』市川崑・森遊机著　ワイズ出版　一九九四年

『「いのち」の思想』角川春樹著　富士見書房　一九八六年

『飲水思源　メディアの仕掛人、徳間康快』佐高信著　金曜日　二〇一二年

『宇宙戦艦ヤマトと70年代ニッポン』アライ＝ヒロユキ著　社会評論社　二〇一〇年

『「宇宙戦艦ヤマト」をつくった男　西崎義展の狂気』牧村康正・山田哲久著　講談社　二〇一五年

『映画界のドン　岡田茂の活動屋人生』文化通信社編著　ヤマハミュージックメディア　二〇一二年

『映画監督　深作欣二』深作欣二・山根貞男著　ワイズ出版　二〇〇三年

『映画監督　深作欣二の軌跡』キネマ旬報社　二〇〇三年

『映画監督　村川透　和製ハードボイルドを作った男』山本俊輔・佐藤洋笑著　DU BOOKS　二〇一六年

『映画の荒野を走れ　プロデューサー始末半世紀』伊地智啓著／上野昂志・木村建哉編　インスクリプト　二〇一五年

『映画の呼吸　澤井信一郎の監督作法』澤井信一郎・鈴木一誌著　ワイズ出版　二〇〇六年

『映画プロデューサーが語る　ヒットの哲学』原正人著／本間寛子構成　日経BP社　二〇〇四年

『越境者　松田優作』松田美智子著　新潮文庫　二〇一〇年

『生頼範義　緑色の宇宙』「イラストレーション」別冊　玄光社　二〇一四年

『岡田茂自伝　波瀾万丈の映画人生』岡田茂著　角川書店　二〇〇四年
『男たちの大和／ＹＡＭＡＴＯ　コンプリートＢＯＯＫ』「表現者」別冊　イプシロン出版局　二〇〇五年
『檻』角川春樹著　ハルキ文庫　二〇〇〇年
『カエサルの地　句集』角川春樹著　牧羊社　一九八一年
『角川映画　１９７６―１９８６［増補版］』中川右介著　角川文庫　二〇一六年
『角川映画大全集　１９７６―１９８６データバンク』「バラエティ」別冊　角川書店　一九八六年
『角川家の戦後』角川春樹著　思潮社　二〇〇六年
『角川源義読本』「俳句」編集部編　角川書店　二〇〇五年
『角川源義の時代　角川書店をいかにして興したか』鎗田清太郎著　角川書店　一九九五年
『角川春樹の功罪　出版界・映画界を揺るがせた男』山北真二著　東京経済　一九九三年
『カラー版　世界の詩集　第一巻　ゲーテ詩集』ヨハン・ウォルフガング・フォン・ゲーテ著／手塚富雄訳　角川書店　一九六七年
『金田一耕助映像読本』映画秘宝ＥＸ　洋泉社　二〇一三年
『銀幕おもいで話』高岩淡著　双葉文庫　二〇一三年
『句集　ＪＡＰＡＮ』角川春樹著　文學の森　二〇〇五年
『試写室の椅子』角川春樹著　角川書店　一九八五年
『シナリオ　人間の証明』森村誠一・松山善三著　角川文庫　一九七七年
『シネアスト　市川崑』キネマ旬報社　二〇〇八年
『シネアスト　相米慎二』キネマ旬報社　二〇一一年
『シネマ遁走曲』佐藤純彌著　青土社　一九八六年
『ジャッカルの日』フレデリック・フォーサイス著／篠原慎訳　角川書店　一九七三年

『松竹百年史』松竹　一九九六年
『新人監督日記』和田誠著　角川書店　一九八五年
『推定有罪　角川事件の真実』濱﨑憲史・浜崎千恵子著　角川春樹事務所　二〇〇〇年
『全てがここから始まる　角川グループは何をめざすか』佐藤吉之輔編著　角川グループホールディングス　二〇〇七年
『戦艦大和ノ最期』吉田満著　講談社文芸文庫　一九九四年
『戦艦大和発見』辺見じゅん・原勝洋編　ハルキ文庫　二〇〇四年
『戦国自衛隊大全』岩佐陽一編　双葉社　二〇〇五年
『戦藻録　宇垣纒日記』宇垣纒著　原書房　一九九六年
『卒業』チャールズ・ウェッブ著／佐和誠訳　早川書房　一九六八年
『誰？』渡辺謙著　ブックマン社　二〇〇六年
『誰かが行かねば、道はできない　木村大作と映画の映像』木村大作・金澤誠著　キネマ旬報社　二〇〇九年
『つかこうへい正伝　1968―1982』長谷川康夫著　新潮社　二〇一五年
『つか版・男の冠婚葬祭入門』つかこうへい著　角川文庫　一九八六年
『ディスカバー、ディスカバー・ジャパン　「遠く」へ行きたい』東京ステーションギャラリー　二〇一四年
『テレビはなぜ、つまらなくなったのか　スターで綴るメディア興亡史』金田信一郎著　日経BP社　二〇〇六年
『転落の歴史に何を見るか』齋藤健著　ちくま文庫　二〇一一年
『東映の軌跡：The History of Toei：April 1st 1951 - March 31st 2012』東映　二〇一六年

『東京監督』森田芳光著　角川書店　一九八五年
『東宝75年のあゆみ　ビジュアルで綴る3／4世紀　1932―2007』東宝　二〇一〇年
『時の魔法使い』原田知世著　角川文庫　一九八四年
『徳間康快　夢を背負って、坂道をのぼり続けた男』金澤誠著　文化通信社　二〇一〇年
『流され王の居場所　角川春樹論』渡辺寛著　富士見書房　一九八四年
『海鼠の日　角川春樹獄中俳句』角川春樹著　文學の森　二〇〇四年
『信長の首　句集』角川春樹著　牧羊社　一九八二年
『ビートルズ神話　エプスタイン回想録』ブライアン・エプスタイン著／片岡義男訳　新書館　一九七二年
『ビートルズをつくった男　ブライアン・エプスタイン』レイ・コールマン著／林田ひめじ訳　新潮文庫　一九九二年
『光の彼方へ』フィリス・アトウォーター著／角川春樹訳　ソニー・マガジンズ　一九九五年
『悲劇文学の発生』角川源義著　青磁社　一九四二年
『火の鳥　ニュータイプ100％コレクション』角川書店　一九八六年
『姫田眞左久のパン棒人生』姫田眞左久著　ダゲレオ出版　一九九八年
『平井和正全集』平井和正著　リム出版　一九九一～九二年
『補陀落の径　角川春樹句集』角川春樹著　深夜叢書社　一九八四年
『復活の日』小松左京著　角川書店　一九八〇年
『PLUS　MADHOUSE　04　りんたろう』キネマ旬報社　二〇〇九年
『プレイバックひろ子　言葉かみしめて』角川書店　一九八三年
『ぼくの映画人生』大林宣彦著　実業之日本社　二〇〇八年

『松田優作　炎静かに』山口猛著　立風書房　一九九〇年
『松田優作クロニクル』キネマ旬報社　一九九八年
『マッドハウスに夢中!!』オークラ出版　二〇〇一年
『メイキング・オブ・ＲＥＸ恐竜物語　カルロ・ランバルディの世界』日本版プレミア特別編集　角川書店　一九九三年
『森田芳光組』森田芳光著　キネマ旬報社　二〇〇三年
『薬師丸ひろ子　愛蔵版写真集フォトメモワール』小島由起夫撮影　富士見書房　一九七九年
『横溝正史読本』小林信彦編　角川文庫　一九七九年
『汚れた英雄　第Ⅳ巻・完結篇』大藪春彦著　角川文庫　一九七九年
『甦る相米慎二』木村建哉・中村秀之・藤井仁子編　インスクリプト　二〇一一年
『ラブ・ストーリィ　ある愛の詩』エリック・シーガル著／板倉章訳　角川書店　一九七二年
『わが心のヤマタイ国　古代船野性号の鎮魂歌』角川春樹著　立風書房　一九七六年
『わが闘争』角川春樹著　ハルキ文庫　二〇一六年

■新聞・雑誌

「アエラ」朝日新聞社出版本部　一九九九年十二月六日号（現代の肖像　渡辺謙）
「朝日新聞」一九七六年十月二十九日、十月三十一日、十一月二十七日、十二月四日／一九七七年十月八日／一九七八年一月四日、一月三十一日、九月二十九日、十月十一日／一九八一年十二月二十一日（大阪版）／二〇一五年二月十四日、八月十四日他
「映画芸術」編集プロダクション映芸　一九九四年冬号
「映画宝庫」芳賀書店　一九七九年新年号（日本映画が好き!!!）

「キネマ旬報」キネマ旬報社　一九七八年十月上旬号／一九八三年七月下旬号／一九九三年十月下旬号他
「現代」講談社　一九九一年八月号（渡辺謙　白血病格闘記　死の淵で考えたこと）
「広告」博報堂　二〇一〇年七月号
「週刊現代」講談社　二〇一二年八月四日号
「週刊読書人」読書人　一九七五年十二月二十九日
「週刊ポスト」小学館　一九九八年三～六月（生江有二連載「阿修羅を見たか」）
「スポーツニッポン」一九八二年九月七日／二〇一四年六月十九日（我が道　草刈正雄）
「東京タイムズ」一九七九年四月十七日
「日経ビジネス　EXPRESS」日経BP社　二〇〇六年二月二十四日
「日本経済新聞」二〇一六年六月（私の履歴書　松岡功）
「バラエティ」角川書店　一九七七年十月号～一九八六年六月号
「プレジデント」プレジデント社　一九七七年十月号（わが闘争　角川春樹）
「文藝春秋」文藝春秋　一九八九年十一月号（白血病を告知されてしまった渡辺謙　岡田裕）
「文藝春秋」文藝春秋　一九九三年十二月号（兄・角川春樹を許した日　角川歴彦）
「毎日新聞」一九八一年十二月二十一日（大阪版）
「野性時代」角川書店　一九七七年五月号
「読売新聞」一九八一年十二月二十一日（大阪版）／一九八五年八月三日、八月四日、八月五日

■DVD
『NHK特集　海底の大和～巨大戦艦・40年目の鎮魂～』NHKエンタープライズ　一九八五年八月放送
作品　二〇一〇年

※この他、角川春樹製作および監督による各映画作品のすべての劇場プログラム・原作本・ブルーレイ＆ＤＶＤなど

本書は「ＦＬＩＸ」（ビジネス社）に連載された「いつかギラギラする日　角川春樹の映画革命」（二〇一四年十月号～二〇一六年二月号）を元とし、新たな章を加えるなど、大幅に加筆修正いたしました。

著者略歴

角川春樹（かどかわ・はるき）
俳人。昭和十七年富山県生まれ。抒情性の恢復を提唱する俳句結社誌「河」を継承し、主宰として後進の指導、育成に力を注ぐ。句集に『信長の首』（芸術選奨文部大臣新人賞・第六回俳人協会新人賞）、『流され王』（第三十五回読売文学賞）、『花咲爺』（第二十四回蛇笏賞）、『檻』、『いのちの緒』など。著作に『「いのち」の思想』、『詩の真実』、翻訳に『光の彼方へ』、編著に『現代俳句歳時記』など多数。

清水 節（しみず・たかし）
一九六二年東京生まれ。編集者、映画評論家、クリエイティブディレクター。企画・制作・執筆を手掛ける。『ノンフィクションW　撮影監督ハリー三村のヒロシマ』（WOWOW）で日本民間放送連盟賞最優秀賞、ギャラクシー賞奨励賞を受賞。共著に『スター・ウォーズ学』（新潮新書）がある。

Kadokawa Haruki Corporation

角川　春樹　　清水　節

いつかギラギラする日《ひ》　角川春樹《かどかわはるき》の映画革命《えいがかくめい》

*

2016年10月 8 日第一刷発行

発行者 角川春樹
発行所 株式会社 角川春樹事務所
〒102-0074 東京都千代田区九段南2-1-30 イタリア文化会館ビル
電話03-3263-5881（営業） 03-3263-5247（編集）
印刷・製本 中央精版印刷株式会社

ISBN978-4-7584-1295-7 C0074
http://www.kadokawaharuki.co.jp/